反垄断经济学与政策前沿丛书

反垄断经济学前沿

[美] 迈克尔·D. 温斯顿 著
Michael D. Whinston

张 嫚 吴绪亮 章爱民 译
于 立 向国成 校

东北财经大学出版社
Dongbei University of Finance & Economics Press
大连

图书在版编目（CIP）数据

反垄断经济学前沿／（美）温斯顿（Whinston，M. D.）著；张嫚，吴绪亮，章爱民译．—大连 ：东北财经大学出版社，2007. 9
（反垄断经济学与政策前沿丛书）
书名原文：Lectures on Antitrust Economics
ISBN 978 - 7 - 81122 - 130 - 5

Ⅰ. 反… Ⅱ. ①温… ②张… ③吴… ④章… Ⅲ. 垄断经济学 - 研究 Ⅳ. F038. 2

中国版本图书馆 CIP 数据核字（2007）第 149767 号

辽宁省版权局著作权合同登记号：图字 06 - 2007 - 67 号

东北财经大学出版社出版
（大连市黑石礁尖山街 217 号 邮政编码 116025）
总 编 室：（0411）84710523
营 销 部：（0411）84710711
网 址：http：//www. dufep. cn
读者信箱：dufep @ dufe. edu. cn

大连理工印刷有限公司印刷 东北财经大学出版社发行

幅面尺寸：170mm × 240mm 字数：188 千字 印张：13 1/4 插页：1
2007 年 9 月第 1 版 2007 年 9 月第 1 次印刷

责任编辑：李 季 责任校对：于梅 石真珍
封面设计：冀贵收 版式设计：钟福建

ISBN 978 - 7 - 81122 - 130 - 5

定价：28.00 元

本书的翻译出版是东北财经大学产业组织与企业组织研究中心承担的教育部人文社科重点研究基地重大项目“中国反垄断法与反不正当竞争法的共同经济原理及其衔接”（批准号：04JJD790007）、“竞争政策的国际协调：机理、机构与法律”（批准号：05JJD790030）和辽宁省创新团队项目的组成部分，特此说明。

《反垄断经济学与政策前沿丛书》
编　委　会

《反垄断经济学与政策前沿丛书》总序

于 立

东北财经大学产业组织与企业组织研究中心承担了教育部人文社科重点研究基地重大项目“中国反垄断法与反不正当竞争法的共同经济原理及其衔接”（04JJD790007）和“竞争政策的国际协调：机理、机构与法律”（05JJD790030）。作为研究成果的组成部分，同时也是国家重点学科——产业经济学学科建设的规划要求，我们陆续出版了《反垄断经济学与政策前沿丛书》（共六本译著）和《产业组织理论与应用研究新进展丛书》（共四本专著）。

这里主要针对我国反垄断立法中的若干问题进行讨论，并作为《反垄断经济学与政策前沿丛书》的总序。

一、《反垄断法》的作用是“一窄二虚”

社会各界对《反垄断法》的作用有期望过高的倾向。这不仅不利于反垄断法律体系建设，还可能陷入僵局。《反垄断法》在市场经济国家中虽然素有“经济宪法”之称，在整个国家的法律体系中具有重要地位，但其实际约束范围远没有通常想象的那么宽泛。对于垄断现象和行为，千万不能“一刀切”，必须区别对待。

垄断现象和行为分为人为垄断和自然垄断。人为垄断又分为经济垄断或市场垄断（如合谋、过度集中、滥用市场支配地位等）、行政垄断（如行政许可、地区封锁或部门利益保护等）和法定垄断（如专利、商标、版权等）。

对于法定垄断不应反对，而应维护；行政垄断的情况非常复杂，不能一概而论；即使是属于《反垄断法》主要限制对象的经济垄断，也要根据具体情况而分别遵循“本身违法原则（Per Se Rule）”和

“合理推定原则（Rule of Reason）”，确定利弊大小，再据以裁决。至于自然垄断，为了获取规模经济或其他目的，往往实行反垄断豁免。近年来，自然垄断理论有了新的进展，反垄断豁免的范围大为缩小，但真正意义上的自然垄断终归还是要实行豁免的。可见，在所有垄断行为或垄断现象中，真正应由《反垄断法》约束的范围是比较“窄”的。

另一方面，由于《反垄断法》实施过程中还会遇到“时间长”和“取证难”问题，经常连一些基本的“成本”、“市场”概念都难以达成共识，动辄几年都无结果。在欧美等国，每年提起的反垄断诉讼实际上非常有限，且大多以“庭外和解”为结局。因此，总体来说，《反垄断法》是一把高悬的剑，主要起威慑作用。

二、对行政垄断应“以柔克刚”

如何对待行政垄断是中国《反垄断法》立法中的一大难题。行政垄断是市场经济的“大敌”，既损害效率，又导致腐败。但《反垄断法》既不是治理行政垄断的首选武器，也不是正确的药方。而随着经济体制、政治体制的改革，行政垄断引发的很多问题会逐渐消失。反之，如若在《反垄断法》立法过程中过多纠缠于行政垄断，就会使反垄断立法裹足不前，以致寸步难行。

对行政垄断也不能“一刀切”。假设《反垄断法》中详举行政垄断的罪责，并公布实施，那么就会有相当多的政府行为（无论条条，还是块块）一下子变成“违法行为”，结果必然不仅会树敌过多，欲速不达，还会使整个社会无所适从，秩序混乱。何况有的行政垄断（如某些行政许可），即使到将来也不能一反了之。现实中的行政垄断有很多也是利弊共存，是非难定。

所以，对于行政垄断，既不能熟视无睹，也不能操之过急。务实可取的办法是采取“以柔克刚”的思路，依然将行政垄断纳入《反垄断法》的框架，但仅作原则性的规定。然后，通过其他方面具体的改革（比如规制改革）措施，逐步减少行政垄断的不利影响。正确的思路是，通过体制改革，逐步将行政垄断的资源（机构、权力等）转到政府规制的轨道上来，主要靠规制改革，而不是靠反行政垄断，才可能收到“既疏又导”的一举两得之效。

三、《反垄断法》与行业法应“统筹兼顾”

《反垄断法》立法中的另一个难题是如何对待“自然垄断豁免”与国有企业的特殊性，因为传统自然垄断行业主要由国有企业构成。这一问题可以通过《反垄断法》与行业法的“统筹兼顾”来得以有效解决。

人们常说的自然垄断行业或自然垄断企业，其实本来并不存在。从经济学和法学角度来说，需要区分自然垄断行业、自然垄断企业和自然垄断业务这三个极其容易混淆的概念。人们目前仍然常说的铁路、电力、电信、航空、供水、供气等行业，早已不是真正的自然垄断行业，大部分环节或业务都存在比较充分的竞争。根据我们的研究成果，只有规模经济、范围经济和网络经济“三位一体”的某些环节或业务，才可能存在一定程度的自然垄断。而对于这种自然垄断环节或业务，《反垄断法》是要豁免的，或者说，“允许垄断存在，但要加强规制”。反垄断主要针对大多数竞争性行业和“自然垄断行业”中的竞争性业务。现实中容易出现的问题是，许多相关行业的企业故意夸大自然垄断业务，或者滥用垄断优势，谋取垄断利益。而有关部门不明就里，听之任之，甚至推波助澜。

再说国有企业的特殊性问题。在中国，能够从事自然垄断业务的国有企业，还有一些虽然不属自然垄断，但国家实行专营专卖的国有企业，均属“特殊企业”。我们的研究成果表明，典型的国有企业本来就不是“一般企业”，基本不适用于属于私法、商法范畴的《公司法》，也不可能建立规范的法人治理结构或所谓的“现代企业制度”，而应主要采取“特殊法人”的企业形式。可取的思路是针对自然垄断和国有企业的实际情况，取消《公司法》中有关国有独资公司的条款，分行业制定“特殊法人法”，然后按照“特殊法高于普遍法”的原则，协调《反垄断法》与行业法之间的矛盾。实际上，现实中有关国有企业的法律和政策已经实质上逐步地接近于“特殊法人”的思路，只不过还差“临门一脚”。

四、《反垄断法》体系的建立应“先粗后细”

反垄断法应该是一个法律体系，包括居于核心地位的“母法”

《反垄断法》和相应的“子法”（如并购指南等）。

母法应简洁、原则性强、相对少变，不要牵扯过多的具体条款（如具体的集中度问题），而将其留给相关的子法或实施条例。考虑到我国经济转型与经济发展过程的特殊性和复杂性，需要重视母子法律体系的刚柔相济，走“渐进式”立法之路，即出台母法宜早不宜迟，出台子法可灵活务实，而且可以经常调整。

其实，中国有一些子法已经走在了前面。如针对外资并购问题、零售商滥用垄断势力问题，有关部门出台了一些“子法”。但由于母法出台滞后，势必难以充分考虑母法与子法的衔接问题。再有，《反垄断法》与1994年出台的《反不正当竞争法》也存在较多的重复或交叉。

五、《反垄断法》立法应“内外协调”

按理说，中国致力于建设市场经济体制，也急于让国际上承认我们的市场经济国家地位。在此方面，一个非常值得重视的问题是，既不要“内外有别”，公开歧视，又要注意包括发达国家都广泛存在的“双重标准”现象，在反垄断法律体系建设与实施中预留“接口”。

近几年，国际竞争规则的重点正呈现出从“反低价倾销”向“反垄断高价”转移的新动态。一国反垄断法的终极目标总是首先服务于本国的利益。这一点在美国“波音—麦道合并案”以及波音、空客对我国“大飞机”项目的关注中都可以清楚看出。我们对此要有清醒的认识，并充分借鉴版权保护立法中的经验，在反垄断法律体系建设过程中及早采取防范策略，尤其需要注意反垄断法与产业政策、贸易政策等其他经济发展政策的协调，注意反倾销与反垄断二者之间的逻辑关系及转化规律。

我们要认清，反垄断法国际冲突的根源是发达国家与发展中国家间的利益冲突。在历届世贸组织部长级会议上，许多发展中国家的代表都提出了对于建立国际反垄断法的种种看法。比如印度代表就曾提出，对于发展中国家来说，企业联合抵制进口是一个非常重要的战略，国际反垄断法应予以豁免；印度尼西亚代表希望国际反垄断法中的“核心卡特尔”不包括中小企业合作的卡特尔，因为这种在印度尼西亚很盛行的卡特尔有助于印度尼西亚经济的发展。此外，一些拉美国家还颁布了很有特色的专门用来对付跨国公司垄断行为的竞争法。我国反垄断法律体系建设应该充分借鉴这些发展中国家的做法，协调相互之间的立场和利益。

另一个重要问题是，我国政府应把握反垄断法国际协调的动向，及早关注与世界贸易组织（WTO）类似的“国际竞争组织（ICO）”的构建，以积极态度参与并推动国际竞争规则的起草与谈判，争取成为发起国，并在其中最大限度地保护我国的利益。

呈现在读者面前的这套《反垄断经济学与政策前沿丛书》，既有反垄断经济学与政策研究的前沿性整体介绍，也有对反垄断政策各个方面的深入探讨；既有关于国内反垄断政策的剖析，也有针对国际反垄断政策的阐述，研究方法前沿，主题和体裁丰富。我们真切期盼本套丛书的出版有助于中国反垄断经济学与政策研究水平的整体提升！

致中文读者

我很高兴看到《反垄断经济学前沿》一书被译成中文并出版发行。中国经济规模庞大且增长迅速，在世界经济舞台上的地位日益为世人所瞩目。然而，直至最近中国才开始探讨竞争政策问题。我衷心希望这部讲义对中国经济学家以及政策制定者在缔造惠及中国社会的反垄断政策过程中，能够有所裨益。

迈克尔·D. 温斯顿

2007 年 4 月

献给我的父亲 George Whinston 和已故的母亲 Joan Aronson Whinston

前　　言

我曾荣幸地应邀在位于布宜诺斯艾利斯的多尔瓜多·迪特加（Torcuato Di Tella）大学举办凯罗利（Cairoli）讲座，本书就是在该讲座的基础上完成的。我非常高兴有此机会来发展我对反垄断经济学的一些思想，同出席讲座的众多优秀的经济学家和律师们进行交流，并与热情好客的凯罗利家庭成员会面。那是我第一次到阿根廷，我很期待能够再次造访。

我要感谢为本书提供帮助的许多个人和组织。Michael Black，Patrick Bolton，Dennis Carlton，Richard Caves，Malcolm Coate，Luke Froeb，Rob Gertner，Aviv Nevo，Volker Nocke，Ariel Pakes，Paul Pautler，Craig Peters，Rob Porter，Richard Posner，Tom Ross，Ernesto Schargrodsky，Greg Werden 和 Abe Wickelgren 等就书稿所做出的评论为本书增色不少。我还要感谢四位匿名审稿者所提出的细致并具洞察力的修改建议。Fan Zhang，Adam Rosen 和 Allan Collard－Wexler 承担了出色的研究助理工作。麻省理工学院出版社的 John Covell 负责本书的编辑工作。同时还要感谢国家科学基金会（NSF）和 Searle 基金会所给予的资助。

此外，我还要特别感谢其他学者。Doug Bernheim 和 Ilya Segal，他们多年来都投入了大量时间与我一起合作从事项目研究，而这些项目多与反垄断问题有关，特别是本书第 4 章所讨论的纵向合约问题。我从他们每个人身上都受益良多。

我的妻子 Bonnie Honig 不仅提供了通常作为配偶所给予的支持，而且非常热心地去阅读某些章节，并给我一些写作方面的提示，在本书体现出了一些在她自己著作中所具有的写作风格。

最后，我把此书献给我的父亲 George Whinston，为他长久以来给予的爱与支持，同时也献给我的母亲 Joan Aronson Whinston，因为她是一位杰出的母亲。

译校者序

反垄断经济学是从产业组织理论中分离出来的一个新的经济学分支，又与法律经济学密切相关，是一个非常有学术前景和应用价值的研究领域。

自20世纪70年代以来，由于各国的反垄断实践日益深入而又广泛，也由于博弈论和经济计量技术的普遍运用，反垄断经济学研究出现了喜人的进展。美国西北大学温斯顿教授的这部《反垄断经济学前沿》就是其中的代表性著作。

温斯顿教授在1984年取得MIT经济学博士学位，现任美国西北大学经济系教授，是产业组织理论领域的杰出学者。他与马斯·科莱尔等合著的《微观经济理论》（*Microeconomic Theory*）是最近十余年来欧美经济学界最具影响力的高级微观经济学教科书。《反垄断经济学前沿》是温斯顿教授的又一重要成果。该书在正式出版之前，部分章节已经在哈佛大学、麻省理工学院、加州大学、西北大学等北美一流高校的研究生课堂中使用。

全书主要包括价格操纵、横向兼并与纵向排他性合约三部分内容。我们在翻译过程中，深切感受到该书的逻辑脉络清晰、内容深入浅出、写作风格严谨且文字优美。该书在主题选择上取舍有度，不恋多求全，从而使读者用较少的时间就能掌握反垄断经济学的核心和关键问题，并且明确未来的发展方向。因此，本书特别适合经济学专业研究生和反垄断法的从业者阅读。本书在行文中的技术处理比较得当，因而也可作为本领域的科普读物，供非专业的读者参考。

本人一直从事产业组织理论方面的教学与研究工作，自然对反垄断经济学的进展也十分关注，并在这一领域承担过一些科研项目。东北财经大学产业组织与企业组织研究中心也有几位博士后和博士生的研究选题确定在反垄断经济学领域，如自然垄断理论、纵向限制行为、转售价格维持、网络经济与垄断、反垄断法的经济学基础等。

我非常感谢温斯顿教授在联系版权和翻译过程中给予的热情帮助和指导，特别是欣然提笔为中文译著撰写致中文读者词。

本书主要部分翻译工作的分工如下：于葳（第1章），吴绪亮（第2章），张嫚（第3章），章爱民（第4章）。

于　立

目　录

第1章

导论

1.1 本书的宗旨

反垄断法在许多国家的商务环境中发挥着重要作用。每周的《纽约时报》和《华尔街日报》通常至少有一篇文章报道反垄断政策的某些方面。最近宣布的两家大型石油公司的兼并将会引起汽油价格的上涨吗？一个重要的软件公司抑制竞争是否已违背反垄断法？一伙维他命国际生产商是否在串谋操纵价格？类似报道不仅在美国，而且逐渐在世界更多国家的报纸上定期出现。

反垄断法是规制经济行为的法律。但该法在许多重要方面与传统上所谓的“规制（regulation）”有所区别。规制更倾向于针对特定产业，并且主要涉及直接的定价机制、产品标准，或市场准入条件。而这些规制行为通常是在定期的或专门举行的听证会之后开始实施的。比较而言，反垄断法的适用面更为宽泛，并侧重维持某些基本竞争规则，使企业之间相互竞争能够产生“良好”结果。反垄断调查与干预只是例外情况，只有当这些基本规则可能已遭违背的情况下才会实施。

本讲义旨在介绍反垄断法背后的经济学理论，但并不追求涵盖本领域所有问题。相反，我有选择地关注反垄断经济学中的最新进展，以及那些我认为还有重要问题需要进一步研究的领域。针对的读者主要是经济学专业的研究生以及对反垄断政策感兴趣的（学术或非学术的）执业经济专家。但我希望本书也适用于那些具有较好经济学背景的反垄断律师。鉴于此，我尽力将某些数学问题放到注解中去，以保证读者可以在不必理解正文中出现的每个公式的情况下就可以掌握书中所探讨问题的主线。

本章余下部分会对美国反垄断法进行介绍。本书剩下部分的内容分布在其他三章。反垄断分析可以粗略地分成两类：一类关注“串谋”（广义的）；另一类关注“排他”。在第一类中，企业试图通过与同行串谋来提高价格，而在另一类中则试图通过排挤竞争对手来提高价格。第 2 章和第 3 章关注第一种类型的行为。第 2 章讨论价格操纵，即竞争者之间限制产量或提高价格的协议。第 3 章考察横向兼并问题，即竞争者同意合并其业务。第 4 章开始转向排他性行为，重点讨论纵向排他性合约的经济学问题。

这三章所强调的重点有显著区别。第 2 章讨论价格操纵，包含的内容毫无疑问是反垄断领域中最为成熟的内容。在该章中，我试图打破平静，提出一些有争议的观点来说明经济学家对价格操纵问题的实际了解程度要低于所想象的程度。相反，第 3 章讨论的横向兼并问题被视为是过去 10—15 年间反垄断经济学中取得最为显著进展的领域。在该章中，我对横向兼并评价中的主要问题进行了归纳，尤其关注最新的进展，同时也讨论了该领域中仍未解决的重要问题。与前面两章内容不同，第 4 章讨论的纵向排他性合约是反垄断领域中最有争议的领域，同时也是一个最新理论研究成果较为丰硕但当前仍缺乏系统经验证据的领域。在该章中，我特别关注了独家交易问题，并解释争议的原因和介绍最新的理论进展。与第 2、第 3 章比较，很遗憾的是第 4 章对经验证据的讨论必然是不充分的。

我对主题的挑选遗漏了一些重要问题，这些问题应该在更为扩展的讲座中予以讨论。例如，驱逐对手定价、促进串谋行为和品牌内纵向约束都是有趣并且重要的主题。同样的，对纵向排他性合约的更为全面的考察也应包括纵向兼并和捆绑销售。

此外，我对反垄断经济学方面问题的关注，决定了本书通常只能简要地提及对这些实践的法律处理，这从许多方面来看是不合适的。关注本领域的每个学生都应去研究反垄断案例法，这样既可以理解反垄断分析中涉及的经济问题（甚至当法院可能还没有意识到司法中所涉及的经济分析时），又可以理解形成有效的反垄断法所遇到的巨大困难。① 我在此也要强烈推荐著名法律学者波斯纳（Posner，1976）和鲍克（Bork，1978）的两部反垄断经典著作。这两部著作对反垄断分析中涉及的许多关键问题进行了有趣的、很有启发性的讨论。②

最后还要说明，本书的写作具有地域性。接下来的讨论主要围绕我最熟悉的美国反垄断法展开。尽管如此，本书的关注焦点是经济学，而最基本的经济学原理不分国界，具有广泛的适用性。

1.2 美国反垄断法概览

作为本书后续讨论的前奏，有必要在此简要概述美国反垄断法的历史和内容。③ 美国反垄断法的形成受到国内战争后美国经济转型的激发。这一期间形成了进行改革的两方面压力。第一方面压力来自于农民，当时的农民受农产品价格低迷和运输农产品较高铁路费率的双重困扰。铁路费率通常是受（合法的）铁路卡特尔控制的。第二方面压力来自于公众对迅速膨胀的现代企业规模的不满。这种不满由于一系列公之于众的商业丑闻而变得严重起来。这些压力聚集起来不仅导致了1890年美国第一部反垄断法——《谢尔曼法》的出台，而且促成了州际贸易委员会（1887年成立）等规制机构的成立。

① Areeda 和 Kaplow（1997）及 Posner 和 Easterbrook（1981）撰写了两本很优秀的反垄断案例著作，书中提供了美国最高法院主要判例的摘要，以及有趣的讨论和很有启发性的问题。如果想得到关于反垄断法的百科全书式的讨论资料，请参见 Areeda 和 Hovenkamp（2004）。

② 现在也可以得到 Posner 著作的最新更新版本（2001年版）。

③ 熟悉反垄断法的读者可以不必有任何顾虑地直接跳到第2章，想阅读更多关于反垄断法资料的读者，请参见 Areeda 和 Kaplow（1997，第1章）及 Posner 和 Easterbrook（1981，第1章）（后一参考文献首先讨论了我后面将要讨论的刑事惩罚的变化问题）。

《谢尔曼法（1890）》：

第1条："任何合约，以托拉斯或其他形式形成的联合或串谋，对州际或与外国之间的贸易或商务构成限制，在此被认定为是违法的……"

第2条："任何人涉嫌垄断或企图垄断，或与他人联合、串谋垄断州际或与外国间的商务或贸易，将被视为是严重犯罪的……"

《克莱顿法（1914）》：

第2条：禁止某些形式的价格歧视。

第3条：禁止基于如下条件的销售，即购买者不从竞争者处购买，其效果可能是"在任何商务领域，实质性地削弱了竞争或是倾向于形成垄断"。

第7条：禁止如下兼并，在任何商务领域，"这种兼并的效果可能是实质性地削弱了竞争，或是形成了垄断"。

《联邦贸易委员会法（1914）》：

建立联邦贸易委员会

第5条："商务中或影响商务的不公平竞争方式、不公平或欺诈性行为与举措，被宣布是不合法的。"

图1—1　美国的反垄断法

《谢尔曼法》第1条和第2条，如图1—1所示，是《谢尔曼法》的实质性条款（图1—1归纳了美国反垄断法最重要的条款）。乍一看就可以知道法案的最重要特征：法案的内容非常含糊。事实上，《谢尔曼法》的两个核心条款所起的作用只是授权高等法院来形成反垄断的普通法以实现该法案的意图。正如美国法院已作的解释，《谢尔曼法》第1条广泛适用于那些被认为可能会抑制竞争的协议：价格操纵协议、横向兼并协议、独家交易协议，以及维持转售价格协议。《谢尔曼法》第2条适用于占优企业所采取的旨在增强其市场力量的单边行动，例如，驱逐对手定价行为和产品捆绑销售等。它认定某些违法的垄断行为，而不是垄断本身。

法院对上述《谢尔曼法》条款进行解释涉及议会的宗旨问题。促成《谢尔曼法》通过的议会辩论反映出一些不同且内在冲突的目标：促进良性竞争、关注受损害的竞争者及限制经济与政治力量的过度集中都在议会对此提案的辩论中反映出来。这些不同的目标在《谢尔曼法》适用的过程中不断浮出水面。在过去的30年中，一些学者强烈呼吁以促进良性竞争作为反垄断政策的唯一目标（例如，见Posner（1976）和Bork（1978）对此做出的最有影响的讨论）。随着1980年之后更为保守的司法实践及经济学对反垄断分析的日益渗透，促进良性竞争的观点在反垄断法之目标争论中日渐胜出。

即便如此，如何对“良性竞争”的经济特征进行准确描述还是一个未解决的问题。例如，Bork（1978）认为良性竞争的恰当标准应是总剩余最大化。① 当然，对于经济学家来说，设计一个旨在使总剩余最大化的反垄断政策是自然而然就会产生的想法，并且事实上大部分经济学文献都隐含地将总剩余最大化作为反垄断政策的恰当目标。这种观点是基于企业所有者也是消费者的事实，以及可以通过税收体系实现消费者之间的再分配这样的信念。但是，在不存在完善的一次总付性税收政策的情况下，给予消费者和生产者剩余收益的适当权数还需要依赖于分配的目标。② 正如我在本书后面几处所提到的，采用哪一种福利标准对于评价各种相互竞争的政策实践是非常关键的。

在评价某些政策实践时，尽管美国法院采用了不同的、逐步改进的标准（通常是对所采用的确切标准并不非常清楚），目前的标准最为接近于消费者剩余最大化这一福利标准。类似的，正如将在第3章中所看到的，美国的法律实施部门（美国司法部（DOJ）和联邦贸易委员会（FTC））在其《横向兼并准则》中似乎实质上是采用了这一标准（尽管没有公开宣称）。③

《谢尔曼法》的模糊性引起了人们的担心和不满：关注垄断力量的人感到该法案可能会使企业的反竞争行为得以侥幸逃脱惩罚，而企业则担心它们无法准确了解哪些行为是违法的。最高法院对“标准石油公司”案的裁决（221U. S. 1（1911））进一步加重了这种担心和不满。在该案中，法院宣布在评价企业行为时采用了“合

---

① Bork在这一点上制造了一些混淆，他所说的总剩余标准实际上是指“消费者剩余”标准，因为他考虑到产品的消费者和公司的股东最终都是消费者（例如，参见Bork（1978，110－111页））。

② 例如，如果竞争者之间的兼并创造了一个实施完全价格歧视的垄断者，同时使生产效率小幅度提高，那么这样的兼并是否应被允许？尽管这样的兼并必然会提高总的剩余，但同时也会使那些不是股东的消费者的境况变得更糟。

③ 相比之下，加拿大的《竞争法》直到最近才明确采用总剩余标准来检验横向兼并，同时，加拿大竞争局的《兼并实施指南》也采用了这一标准。但是，最近加拿大联邦上诉法院在审理苏必利尔丙烷（Superior Propane）案（2001 FCA 104）时却主张：此法应被解释为允许赋予消费者和生产者剩余不同的权重。

理推定原则（rule of reason）”（即评价行为时必须权衡行为的收益和成本）。这种不满导致在1914年通过了《克莱顿法》和《联邦贸易委员会法》。

《克莱顿法》指明了在某些环境下可能被认定为违法的特定行为：法案第2部分规定某些形式的价格歧视将受到禁止（此书不讨论这些问题）；第3部分规定捆绑销售和独家交易；第7部分规定横向与纵向兼并。

《联邦贸易委员会法》把FTC作为实施反垄断法的专门机构。指导FTC行动的核心实质条款是第5条。法院对《联邦贸易委员会法》第5条的解释是，该条款可以适用于任何违背《谢尔曼法》和《克莱顿法》的行为，但同时也适用于有违上述两部法律“精神”的“轻微”行为。[①] 这种宽泛解释的合理性是基于如下认识，即（与必须要处理司法部所提交案件的法官和陪审团相比）FTC是一个专门处理反垄断问题的权威行政机构，并且FTC只能对反垄断违法行为实施被称为衡平救济的措施（下面将对此进行更详细的讨论）。

最后，反垄断法中有一些特殊条款（《哈特—斯科特罗迪诺法》）要求进行较大规模兼并的各方须在完成兼并之前向DOJ和FTC进行告知申报，并且给予这两个部门一段时间来从兼并各方获取信息，评估兼并或拒绝兼并。这一要求背后的逻辑是，在兼并发生之前阻止兼并要比兼并已实施后再试图恢复原状要容易得多。

惩罚

在美国的反垄断案例中可以实施三种类型的惩罚：刑事惩罚、衡平救济和货币赔偿。违反《谢尔曼法》将获重罪，DOJ（而不是FTC）可以对《谢尔曼法》违法行为提出刑事惩罚要求（违反《克莱顿法》和《联邦贸易委员会法》不构成刑事犯罪）。实践中，只有对最为严重的公然冒犯行为，如公然的价格操纵行为，才会适用犯罪惩罚。对反垄断违法的惩罚可以同时包括囚禁和货币罚款。当前，个

① 例如：发生在20世纪70年代后期的一些试图拓展反垄断法在串谋领域适用的案件都是由FTC而不是由DOJ起诉的（例如：在速食早餐麦片案中，FTC指控寡头麦片生产企业通过产品多样化而联合起来抑制竞争的行为；在对以铅为基础的抗暴剂和添加剂的生产企业的指控案中，FTC控告这些生产企业在签订合约时包括了事先公布价格和最优价格条款）。

人违反《谢尔曼法》可能会受到最多3年的囚禁。历史上对《谢尔曼法》违法行为的货币处罚额非常小，但最近已急剧增加。例如，1974年之前对公司的最高处罚金额为5万美元，1974年之后提高到了100万美元。1990年，最高罚款达到1 000万美元。同样或更重要的是，1987年之后，《美国量刑准则》（U. S. Sentencing Guidelines）允许以如下两种方式中的一种来进行处罚：①涉罪企业应罚款收益的两倍；或②受害者损失的两倍。1995年，DOJ率先采用了这种二者择一的惩罚办法，正是该方法导致Archer Daniels Midland公司因其在最近的赖氨酸与柠檬酸价格操纵串谋中所起的作用同意支付1亿美元的罚款。①

衡平救济要求必须改正所发生的错误。衡平救济有时涉及禁止某些行为，有时要求采取更为积极的恢复竞争条件的举措，如剥夺企业财产或要求某些专利所有者发放专利使用许可。政府和私人部门都可以就违反《谢尔曼法》或《克莱顿法》的行为向联邦法院提出衡平救济的请求。若原告获胜，上述过程会以法庭发放判决书结束。②

FTC也可以寻求衡平救济。这种情况下所需的程序有些不同，需要在FTC内部举行一项准司法的行政活动，在此活动中，FTC职员和被指控企业需要在“行政法官（administrative law judge）”面前陈述证据。行政法官提出案件审议意见，该意见经由委员会进行复查，该委员会包括五名委员，委员由总统任命，任期七年。委员会可以同意或（以任何方式）改变行政法官的决定。如果委员会发现所指控的违法行为已经发生，就有权发布“停止禁令”。正如下级法院的裁决对于DOJ而言，或是对私人主体间的官司而言，企业可以向上诉法院提出上诉。

最后，案件中的私人主体如果在法庭上能够证明因其他企业触犯《谢尔曼法》和《克莱顿法》而导致本企业遭受损失，则可以获得三倍赔偿。除向那些反垄断法违法行为的受害者提供补偿之外，上述惩

---

① 与目前最高罚款金额为1 000万美元、只需要提供违法行为已经发生的证据的作法相比，要实施这种罚款方式，DOJ必须提供有关涉罪企业收益多少及受害者损失多少的证据。

② 在涉及政府的案件中，经常是在法院没有做出判决以前，通过和解协商就达成一个双方都同意的仲裁协议。这种协议的一个特点是以后原告不能将其作为证明被指控企业有犯罪行为的证据。因此，当政府同意与被指控企业达成这种协议而不是在法庭中获得诉讼的成功时，那些希望获得赔偿以弥补损失的私人原告将处于非常不利的境地。根据《托尼法》（Tunney Act），实施一些司法监督有助于保证上述仲裁协议有利于公众利益，但是由于种种原因，这种监督的实施范围是非常有限的。

罚措施还有助于形成反垄断法的私人实施者队伍（而且，私人实施者可能比政府实施部门更易于发现违法行为）。例如，对于价格操纵这一违法行为所收取的赔偿金等于串谋行为所造成的过高收费的数额。①

值得注意的是，对违反《谢尔曼法》的价格操纵行为进行货币赔偿惩罚，在某些情况下对于阻止违法行为所起的作用没有起初预期的那样有效。正如 Salant（1987）和 Baker（1988）所阐释的，其原因在于：那些知道自己可以获得赔偿金的购买者在计算将支付的有效价格时会将这部分赔偿金考虑在内，而这将提高购买者的支付意愿，因此，部分地有时甚至是全部地，抵消赔偿金对卖方定价激励的直接威慑效应。

为使分析更为明确，我们假设有一组企业，在没有串谋的情况下，会定价于边际成本 c。令 t 代表赔偿倍数，给定 p 和 t，令 $\phi(p, t)$ 代表串谋行为被成功发现和起诉的概率（我们预期这一概率随着价格和赔偿倍数的上升而提高，因此 $\phi_p(p, t) \geqslant 0$，$\phi_t(p, t) \geqslant 0$）。同时假设需求函数为 $x(\cdot)$。串谋行为所导致的联合垄断价格 p^m 使利润 $(p-c)x(p)$ 实现最大化。

考虑单一时期模型，在这一模型中串谋企业首先确定价格和销售量，在时期末任何在此期间发生的串谋行为都可能被发现并被起诉。假设企业秘密串谋，并按 $p>c$ 来定价。对于一个（风险中性的）购买者而言，可能获得价值相当于 $t(p-c)$ 的赔偿金，那么，效率价格（扣除掉赔偿金）为 $p^*(p, t) = p - \phi(p, t)t(p-c)$。因此，购买者会从卡特尔组织购买 $x(p^*(p, t))$ 单位的产品，从而卡特尔的预期利润为：

$$\prod(p,t) = (p-c)x(p^*(p,t)) - \phi(p,t)t(p-c)x(p^*(p,t))$$
$$= (p^*(p,t) - c)x(p^*(p,t))$$

如果可能的话，卡特尔的利润最大化选择显然是制定价格 p，使

① 在汉诺威鞋业（Hanover Shoe）案（392 U.S. 481（1968））中，法院裁定，被告不能通过证明原告已将过高的收费转嫁出去而逃脱损失赔偿责任（例如，在一个固定边际成本的完全竞争产业中，过高的收费可以被完全转嫁出去，直接购买者的利润不会受到影响）。更进一步的，在伊利诺斯砖（Illinois Brick）案（431 U.S. 720（1977））中，法院判决只有直接购买者才可以提起诉讼。尽管这一裁决在规定赔偿金上可能看来是一种很奇特的方式，但一个可能的辩护理由是：由于直接购买者是最有可能发现串谋的一方，因此，他们应该最有动力来做这件事。

p^*（p，t）$=p^m$，其中 p^m 为垄断价格。图1—2（a）描述了这一情况。在这种情况下，卡特尔的产出和预期利润完全不受可能被收取赔偿金的影响。相反，如果不存在 p 使得 p^*（p，t）$=p^m$，如图1—2（b）所示，那么卡特尔就会选择 p 来最大化效率价格 p^*（p，t）。在这种情况下，赔偿金降低了消费者所支付的效率价格。① 例如，如果被发现的概率 ϕ（·）仅仅依赖于t，那么，当 $t\phi$（t）<1 时，卡特尔就会获得效率价格 p^m。但如果 $t\phi$（t）$\geqslant 1$，卡特尔所能采取的最佳措施就是令 p 等于 c，因此，赔偿金制度就可以完全阻止无效率的定价行为。

这一简单模型得出了很有趣的观测结论，但在说明私人赔偿金对阻止串谋定价的有效性方面所得出的结论有些过于消极，原因在于模型没有考虑私人赔偿金可能会从一些方面促使企业做出更有效行为的可能性。第一，当赔偿金切实降低了串谋的预期利润时，首先就会降低卡特尔形成的可能性。第二，假设卡特尔面临着其他方面的惩罚（或是罚款或是监禁时间）$K>0$，因此其收益就是 $\prod(p,t)+\phi(p,t)K$。在此情况下，如果更高的赔偿倍数 t 提高了被发现概率对价格的敏感性（如果 ϕ_{pt}（·，·）>0，就出现这种情况），那么通常就会导致卡特尔制定一个更低的效率价格。类似的，假设我们考虑一个多时期模型。例如，假设潜在串谋持续两个时期。只有当第一时期的串谋没有被发现时才可能出现第二时期的串谋，并假设第一时期的串谋如果被发现，卡特尔将遭受（例如 $K>0$）的损失。因此，正如当卡特尔面临其他惩罚时一样，如果 ϕ_{pt}（·，·）>0，则较高的赔偿倍数将降低第一时期的卡特尔定价。此外，在动态情况下，会出现一种新效应。此处，只要 ϕ_t（·，·）>0，赔偿金会通过使卡特尔更早终止串谋行为而提高预期福利。最后，在许多情况下，购买者实际上并不知道串谋的存在，因此，可以说明提高 t 会必然导致降低卡特

① Baker（1988）却将串谋被发现的概率 ϕ 描述为总产出 x 的函数，这相当于令 ϕ 依赖于 p^* 而不是 p。在这种情况下，只要 $[1-\phi(p^m,t)t]>0$，就总可能通过令 $p=(p^m-\phi(p^m,t)tc)/(1-\phi(p^m,t)t)$ 得出一个与垄断价格 p^m 相等的效率价格。更一般性的，由于要支付的总损害赔偿是（p－c）x，因此人们可能预期 p 和 x 都是重要的（或相当于说，p 和 p^* 都是重要的）。

尔的定价（甚至在静态模型中也是如此），尽管卡特尔仍然存在。①

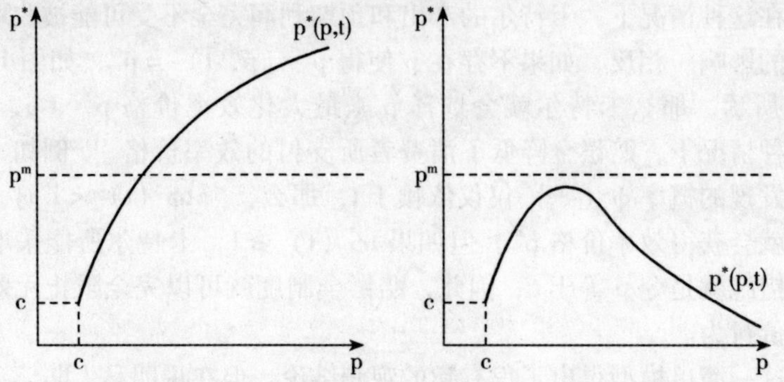

（a）有效的价格 p^m 是可获得的　　（b）有效的价格 p^m 是不可获得的

图 1—2　从卡特尔购买时的有效价格（扣除赔偿金）

1.3　展望

下面三章将关注反垄断的三个核心领域：价格操纵、横向兼并和纵向排他性合约。在每个领域中，经济学家在理解所涉及的经济问题方面都取得了实质性的进步（尽管程度不同）。然而，同时还有一些非常关键的挑战仍未解决。这些挑战就本质而言既有理论方面的，也有实证方面的。而且，为了完善反垄断立法和执法，需要把我们的经济理解与对司法过程中相关问题的准确判断结合起来。这并不是一项轻而易举就能完成的任务，我希望此书可以起到引路的作用。

① 例如，如果 c 是（具有完全支持特征的）随机变量，那么 c 和串谋是否发生都是消费者所观察不到的变量，并且，如果串谋的概率比较小，那么不管卡特尔索取多高的价格，消费者认为串谋会发生的信念都会很弱。因此，赔偿倍数的增加只会对购买者的支付意愿产生最小的影响。

第 2 章

价格操纵

2.1 引言

本章开始讨论反垄断经济学中公认的最为核心的内容，即禁止“价格操纵（price fixing）”，或者说禁止竞争者之间达成关于价格或产量的协议。① 即使那些通常对政府的竞争政策持怀疑态度的人，也赞同反垄断法中关于禁止价格操纵的规定。但是，其中仍有一些重要的、具有挑战性的问题尚未解决。事实上，虽然这部分内容在反垄断领域争议最少，但正是这一部分，经济学家们没有满意的理论模型来解释价格操纵这一违法行为，比如同行磋商价格（并达成“协议”）。

① 因此，价格操纵包括市场分割和操纵投标计划，这两项内容可以被视作价格形式的协议或产量形式的协议。它也包括诸如（零售商店等）限制营业时间等方面的协议。尽管出于简化的考虑，本书通篇所指的都是卖方串谋，但是价格操纵的相关法律也适用于买方卡特尔。

此外，关于价格操纵实际效应的经验证据也极为罕见，并且在结论上互相抵触。在开始深入探讨这些问题之前，本章将首先回顾关于价格操纵的法律规定。

2.2 价格操纵与本身违法原则

简而言之，美国关于这一领域的法律通常认定“价格操纵本身违法”。这就意味着，如果某个厂商参与了“价格操纵”行为，比方说与其竞争对手在一家汽车旅馆会面，就其商品价格达成协议，那么，法院无需调查该协议实际产生的是限制竞争效应还是促进竞争效应，就可直接认定其有罪。这种“本身违法原则（per se rule）”与“合理推定原则（rule-of-reason）”截然相反，后者适用于其他大多数反垄断领域，裁定时需要具体分析有关行为的利弊得失。①

然而，这一看似简单的规则背后却掩藏着一个非常复杂的现实。这种复杂性在性质上涉及法律与经济两个方面。就经济方面而言，几乎每个参与“价格操纵”的厂商总能找出一些证据来证明其价格操纵安排实际上是有益于社会的（或者至少有时候看起来是这样的）。从《谢尔曼法》通过后美国最高法院最早遇到的一宗反垄断案就足以看出人类的这种灵活性。1897 年，最高法院接受 *Trans-Missouri* 案（166 U. S. 290（1897）），在此案中，密西西比河西岸的 18 家铁路公司组成协会来共同制定铁路运费。铁路公司在下级法院的辩解是，它们共同制定的运费是合理的，并且如果没有这种共同的协议，破坏性竞争最终会导致垄断以及随之而来的涨价，所以该协议不应被认为是违法的。

能否把这种所谓破坏性竞争的辩护简单地斥为不合逻辑或荒谬的呢？事实上，和其他许多针对价格操纵安排的抗辩理由一样，答案是否定的。铁路产业是具有巨额固定成本和寡头垄断结构特征的产业。现在我们已经十分清楚，在具有上述特征的产业中，能够确保市场充分竞争的较多的企业数目并不一定是有效率的（例如，参见 Mankiw

---

① 关于“本身违法原则”最清晰的阐述可能当属道格拉斯法官在索科尼真空油公司（Socony Vacuum Oil）案（310 U. S. 150（1940））中所发表的意见：“价格操纵联盟本身就是违法的，无需从意图、目标以及剔除不良竞争的效应方面对其进行评价。”

和 Winston（1986））。密苏里流域运输协会的破坏性竞争辩解可以明确地表述为：相对于社会效率所要求的企业数目而言，不受限制的寡头竞争会导致太少的企业数目（甚至变成一家企业）。所以，在此情况下，以卡特尔定价的方式来诱发企业进入实际上可能会提高社会福利。

举一个简单的例子。假定某产业的需求函数为 $x(p)=2-p$，边际成本为1，进入成本为$\frac{1}{16}$，并且不具有价格操纵的能力，这时第二个企业的进入则会导致“伯川德（Bertrand）竞争”（从而使价格为1）。在这种情况下，仅有一个企业进入，并形成$\frac{3}{2}$的垄断价格。那么，这家垄断企业的利润则为$\frac{1}{4}-\frac{1}{16}=\frac{3}{16}$，消费者享受的剩余为$\frac{1}{8}$。因此，总剩余等于$\frac{5}{16}$。

相反的，如果我们假设企业之间可以讨论定价问题，且这一行为使得双寡头企业将价格提升至$\frac{5}{4}$（也就是说，尽管企业间可以讨论定价问题，但它们仍然无法维持完全垄断价格）。那么，双寡头企业各自（不计进入成本）的总利润将会变成$\frac{3}{32}$，这时第二个企业就会进入。而当市场存在两家企业的时候，价格将会从$\frac{1}{2}$变成$\frac{1}{4}$，消费者剩余增加到$\frac{9}{32}$。由此，总利润为$\frac{3}{16}-\frac{2}{16}=\frac{1}{16}$，总剩余从$\frac{5}{16}$提升到$\frac{11}{32}$。因此，在此例中，消费者以及整个社会都会由于价格卡特尔的存在而收益更大。

当然，就 *Trans-Missouri* 案而言，串谋未必一定能增加福利。比如说，假设双寡头企业能够成功串谋，索取垄断价格，那么，上述案例中允许串谋必将导致企业进入的社会代价过高而且价格并未下降。此外，理论可以证明，至少在产品同质的条件下，从社会总福利的视角来看，禁止串谋通常会导致过度进入（关于这些条件的简要阐述，可参阅 Mankiw 和 Winston（1986））。在双寡头企业能够成功串谋的情况下，允许价格操纵则会使问题变得更加糟糕（并且，只要自由进入使利润恰恰维持在零水平，则总剩余的任何减少都同样意味着消费者剩余的减少）。①

在 *Trans-Missouri* 案中，美国最高法院并不认同铁路公司的抗辩理由。这里的问题是，假如有关价格操纵的抗辩理由有可能成立，那么一个健全的竞争政策为何不对串谋行为的可能收益加以考虑呢？答案是尽管有这种可能性，但一考虑到行政成本，实际上就变得不可行了。试想，如果每一个从事价格操纵行为的企业被发现后，都进行一番理论分析来证明其串谋是有益于社会的，而且具体测算价格操纵串谋行为的社会收益与成本又非常困难（往往的确如此），那么价格操纵案件的审理就会成为耗时耗力的事情（这可能对经济学家和律师有益，却对他人有害）。因此，如果我们有理由认为在绝大多数案件中价格操纵串谋行为的社会收益极其罕见，那么就应该拒绝考虑和评估被告企业的抗辩理由，哪怕其存在理论上的可能性，就是说使用本身违法原则是合乎道理的选择。正如 George Stigler（1952）早年评论的那样，“如同其他所有政策设计一样，经济政策的设计必须重视典型性而非特殊性。正如少数司机能够以每小时 80 英里的高速平安驾驶，但这并不能作为反对最高限速法的理由”。

本身违法原则实际上也就是最优统计决策（optimal statistical decision making）方法的应用。经济学与法学学术文献尚未充分意识到执法成本对于最优反垄断政策设计的重要性。在经济学文献中，学者往往在论证了某类企业行为可能不是提高就是降低福利后，即断言该项行为适用合理推定原则。如同我们前面所讨论的，这种断言没有多少实际意义。在法学文献中，最优统计决策理论在最优法律规则设计中的应用更是罕见。②

---

① 然而，一旦将产品差别化引进来，事情就会变得更加复杂，因为此时消费者可能直接从引进的其他产品中受益。Fershtman 和 Pakes（2000）通过一个动态模型的计算分析给出了一个相关结论。他们的结论表明，允许更有效的价格串谋会导致产品更趋多样化（亦即更多的进入）和更好的产品质量（因为有更大的投资激励来扩张市场份额）。他们的模拟研究还表明，这些正面效应完全抵消了因价格上涨而给消费者带来的所有负面效应。

② Beckner 和 Salop（1999）是一个例外。例如，作为最优统计决策理论的一个应用，我们可以预期在法律体系尚不发达（亦即存在很高司法成本）的国家，最优反垄断政策将会更多地倚重本身违法原则。另外一个应用是，我们可以预期，随着经济学家针对某项价格操纵的串谋行为进行经济效应分析的能力增强，最优反垄断政策就会减少对本身违法原则的依赖。

尽管本身违法原则简化了司法程序，但法庭在裁决一组事件是否确属所谓的“价格操纵”时，依然面临着法律的复杂性。从诸多判例来看，这种裁决过程历来带有某种特殊的语义性质（例如，“价格操纵”这个词语真能描述这种行为么?)。① 真正的问题在于企业的行为是否适合用本身违法原则来裁决。当然，运用本身违法原则来裁决，那么对根本的经济事实至少作一简要分析是必要的。也就是说，尽管可能有些矛盾源于语义方面，但在裁决被告的某一行为属本身违法的时候（按说法庭不必考虑任何辩护理由），法庭还必须对可能的辩护理由至少给予一些考虑。

在这个问题上，或许我们可以把本身违法原则理解为非常快速的合理推定分析，即法庭首先快速判定进一步的分析是否有必要。这是一个与最优统计决策理论完全一致的思路。此外，尽管法庭对这一思路长期徘徊未定，但从近几年来看该思路已得到广泛应用。②

2.3 禁止价格操纵的效应

价格操纵理论

《谢尔曼法》对于价格操纵的禁止从两个方面有助于防止反竞争的串谋定价行为发生。第一方面，尽管极少被公开讨论，但却非常关键：它使得竞争者之间就价格问题达成的任何正式合约都不可执行。③ 第二方面为更多人所熟悉：《谢尔曼法》禁止企业就价格、产

---

① 关于法庭纯粹采取语义思路的一个特别有趣的极端例子是 *Topco* 案（405 U. S. 596 (1972)）。该案涉及一个中小零售商开发私有品牌（private label）的合作组织。Blackmun 大法官在 *Topco* 案中发表补充意见（concurring opinion，也可称附加意见，指尽管同意判决结果，但不同意断案的根据和逻辑——译者注）时心情沉重地说到：“今天的判决将扼杀（中小零售商）竞争。但是现在看来，本身违法原则已完全被法庭采纳，从今以后，我不能再反对这一点。如果还有任何补救措施，显然只能通过立法方式了。”

② 例如，在 *Broadcast Music* 案（441 U. S. 1 (1979)）中，最高法院在判决某专利协会颁发的一揽子许可证（blanket license）是否为“价格操纵”时阐述到，“简便的办法并不总是能够提供满意的答案”。从字面意义上来看，一揽子许可证确属价格操纵行为。但是“尽管价格操纵术语在反垄断领域被广为使用，它实际上只是对适用于本身违法原则的某类特定行为的简便描述”。

③ 实际上这种说法不够准确，因为即使在《谢尔曼法》出台以前，美国法庭通常不强制实施未证实的价格操纵协议（例如，这也就是为什么 Porter (1983) 所描述的联合执行委员会不得不转向价格战而不是法庭来保证其协议得到实施的原因）。

量或市场分割进行商谈并达成协议。[①] 但许多人所不知道的是，很少有正式的经济理论来阐释第二方面的禁止条款是如何防止反竞争的定价行为发生以及如何提高福利的。

当然，首先要考虑的问题就是该法案所关注的是“协议”，其含义难以确切描述。例如，想象这样一个场景，两家企业围坐一桌依次发言：“从道义上我反对价格操纵，但明天我会将价格定为100。”那么，这种单方面言论应该与两个企业都说“如果你把价格定为100，那我也会”的情形受到不同的对待吗？它又会与当企业甲说“让我们明天把价格定为100吧”且企业乙回答“同意”的情形受到不同的对待吗？这里面或许有区别（当然法律通常认为有区别，既包括《谢尔曼法》，甚至也包括合约法等法律），但经济学家对此却鲜有提及。

暂且抛开第一个问题不说，那么关于磋商行为本身的影响问题，经济学又是如何解释的呢？现代经济理论告诉我们，寡头垄断者在寻求达成协议以维持垄断高价却无法签订有约束力的协议时（此处请注意《谢尔曼法》所起的第一方面重要作用），面临两个主要问题：激励问题（incentive problem）与协调问题（coordination problem）。激励问题可正式地表述为：为了可信，任何协议都必须是一个子博弈完美纳什均衡。如若不然，那么协议的某一方总会认为欺骗有利可图。但是请注意，经济理论使用完全一样的条件来识别没有通过直接沟通而持续存在的一组结果，亦即“默契串谋（tacit collusion）”。因此，如果《谢尔曼法》禁止磋商有助于防止抬高价格，那么一定是因为它恶化了寡头垄断者的协调问题。

协调问题之所以会产生，是因为通常会存在许多可能的子博弈完美纳什均衡结果。其中总是存在的一种结果是纯非合作（亦即静态）结果：假如每一个企业都预期其他所有企业采取非合作策略，那么该企业的最优策略也是非合作。然而，频繁出现的是一些可能更具合作性的结果，包括一些案例中出现的联合垄断。但是，值得注意的是，相对而言，经济理论很少研究均衡之间的协调过程。因此，我们很自然地会想到，磋商有助于这种协调，但它具体在多大程度上以及在何

---

① 《谢尔曼法》也禁止其他若干可能促使企业串谋的行为，比如单方转移支付（side payments）及某些类型信息的交易。

种环境下起作用还不是很清楚。

经济理论中与协调问题最密切相关的是针对意向博弈（intended play）的“廉价磋商（cheap talk）”方面的文献。[①]“廉价磋商”是指没有直接支付后果的言论。当一个寡头垄断者告诉他的竞争对手“明天只要你提高价格，那我也会提高价格”，像这样的言论就是廉价的。一个可能的结果总是各方都认为廉价磋商毫无意义（这就是所谓的“胡说均衡（babbling equilibrium）”）。虽然如此，针对意向博弈的廉价磋商有时可能会改变参与人的行为，从而变得有意义了。产生这种情况的原因是，假如听者相信所听到的，并且按照有利的方式做出反应，那么说者就有动力说出有价值的信息。针对意向博弈的廉价磋商方面的文献一直在努力解决的一个问题是，到底在何种环境下我们才应该相信我们所听到的。

例如，考虑图2—1描述了两个参与人的协调博弈。这里，参与人1选择U或者D，而参与人2选择L或者R。每一对选择都会导致一对支付（u_1，u_2），其中u_i代表参与人i的支付。该博弈有两个纳什均衡：（U，L）和（D，R）。对所有人而言，前者都优于后者。但是，对于参与人1而言，选择U是非常冒险的，除非他确信参与人2会选择L，否则参与人1只能选择D。类似的，L对于参与人2来说，是非常冒险的。

假设在博弈之前，参与人1能够发表言论，“我将选择U”或者“我将选择D”，或者保持沉默。一种观点认为，我们可以预期参与人会成功地协调到（U，L），因为“我将选择U”是一个信号，如果参与人2相信了这一点，参与人1就有动力去实践他所说的。因此，人们认为，参与人2将会相信参与人1的言论。另一方面，不论参与人1如何选择，他都希望参与人2选择L。一些博弈论学者据此认为，在上述博弈中，参与人2可能不会相信参与人1会选择U的言论。寡头垄断情形与此类似，因为企业总是希望，不论自己实际上会选择什么样的策略，都能够说服竞争对手（在价格或产量选择方面）与其合作。主要的区别和复杂之处在于，在寡头垄断情形中，企业可

① 关于这方面文献的介绍，参见Farrell和Rabin（1996）。关于廉价磋商的文献始于Crawford和Sobel（1982）。

		参与人 2	
		L	R
参与人 1	U	8,8	−10,7
	D	7,−10	5,5

图 2—1 双参与人协调博弈

能希望就其意向动态策略进行沟通，而非仅就行动进行沟通。[①]

一些实验研究考察了关于意向的廉价磋商何时能够在博弈中起作用。在该类研究中，尽管一些文献考虑到了重复寡头垄断博弈问题，但大多数关注的还是静态协调博弈。研究结论莫衷一是。在部分案例中，廉价磋商确确实实起了很大作用，让参与人取得了显著的协调效果。而在另外一些案例中，廉价磋商毫无作用。此外，博弈不同，最起作用的沟通类型也不同——有时单边沟通优于双边沟通，有时则相反。同样的，沟通类型对沟通是否会受到规制也至关重要。Holt（1993）和 Crawford（1998）综述了这方面的研究成果。[②] 不幸的是，意向博弈的廉价磋商在何种具体环境下以及以何种方式起作用，关于这一问题的实验研究文献还没有得出一致的结论。此外，还存在这样一个问题，即通常将在校大学生作为实验主体的实验结果能否代表商人们的实际市场行为？

尽管相对而言对意向的廉价磋商如何影响寡头垄断企业之间的协调知之甚少，但经济理论对于廉价磋商的另一作用却有较为透彻的研究：关于私人信息的沟通。许多文献对卡特尔面临的私人信息沟通问

① 在预测关于意向博弈的沟通对重复寡头垄断结果的影响时，一个更加复杂的问题是，就期望结果进行协调的能力实际上可能会削弱卡特尔维持高价的能力，因为沟通会降低欺骗者被惩罚的概率（参见 McCutcheon，1997）。有趣的是，Genesove 和 Mullin（2001）观察到，1927—1933 年间，（内部存在广泛沟通的）糖业协会卡特尔发生的成员欺骗事件几乎没有遭到任何报复，除非其极其过分地违反了卡特尔协议。

② Kuhn（2001，16－17）和 Neven（2001，71－76）也综述了这方面的部分研究成果。

题进行了广泛研究，作为卡特尔成员的成本仅为自己所知，并且可能随时间不断变化（例如，由于每个高速公路建造企业当前可获得的雇工及其他生产要素不同，所以其从事某一项工程的成本可能就有差别）。该类型的卡特尔就面临着“信息披露问题（information revelation problem）”，此外也同样面临着前述激励和协调问题。一个利润最大化的卡特尔组织会希望将业务分配给当前成本水平最低的企业，也希望依据该企业的成本水平来制定当前的价格。但是，如果每个企业的成本仅为自己所知，那么卡特尔组织的每一个成员都有积极性伪造其成本水平以争取更大的市场份额。

最初研究该类问题的一系列论文采用的都是静态机制设计模型（static mechanism design models）（Roberts（1985），Cramton 和 Palfrey（1990），McAfee 和 McMillan（1992）以及 Kihlstrom 和 Vives（1992））。在这些论文中，企业各自宣布其成本“类型”，并被指定产量或者价格。企业被简单地假设为遵守这些指定的价格或者产量，卡特尔能够协调至最有利可图的状态。因此，激励和协调问题被抽象掉，只集中考虑信息披露问题。然后，这些论文研究卡特尔组织能否达到完全信息状态，以及最优机制形式。此类论文在假设上还存在多方面的差异：是否允许转让、可能的成本类型集合以及个人理性约束的性质。

近来，Athey 和 Bagwell（2001）开始将这种机制设计框架放在一个动态模型中加以考虑（亦可参见 Athey、Bagwell 和 Sanchirico（2004））。这与之前的静态模型比较有两个关键的差别。首先，Athey 和 Bagwell 将激励问题再次引入进来，要求企业有激励不偏离制定的价格。在某些情形中，这个附加的约束条件能够影响卡特尔的最优政策。其次，即使企业间货币转移被禁止，企业仍然有能力将远期交易作为转移机制，通过改变未来市场份额来应对企业当前的效率诉求。①

该类信息披露问题研究（无论静态或者动态）的一个值得注意之处是，因为卡特尔会极力将产量分配给成本最低的企业，所以，允

① Athey 和 Bagwell 集中考虑卡特尔最有利可图的均衡，从而依然假设不存在协调问题。至于激励问题，很明显在以前的静态机制设计论文中，因为足够大的贴现因素影响，所以能够防止企业偏离指定的价格或产量。Athey 和 Bagwell（2001）的新颖之处在于探讨了卡特尔如何适应较低贴现因素的影响，以及把远期交易作为转让机制来使用。

许串谋可能会提高生产效率，从而增加总福利。

当企业对于卡特尔成员之前是否有过背叛行为具有不同信息时，寡头垄断企业私人信息沟通的第二个作用就凸显出来。Compte（1998）、Kandori 和 Matsushima（1998）的论文揭示了，企业如何能够通过运用共同要求来协调针对背叛者的集体惩罚，这种共同要求是针对寡头垄断企业私下才能观察到的信号提出的。①

尽管这些研究成果让我们很好地理解了磋商如何被用来显示串谋寡头垄断企业的信息，但是私人信息沟通的文献还没能清晰地阐明，相对于磋商被禁止的情形而言，磋商能力是如何改变了寡头垄断博弈的结果的。例如，在 Athey 和 Bagwell（2001）模型中，企业间不允许进行磋商，因此也就不能够发送有关市场份额的信号或者瓜分市场份额。我们并不清楚当这些限制条件都取消的时候，磋商如何起作用。另一方面，Compte（1998）、Kandori 和 Matsushima（1998）的论文没有说明不存在沟通的情形会如何。尤为重要的是，虽然显示私人信息的沟通或许是重要的，但是改善协调的沟通似乎绝大多数主要围绕价格操纵串谋而展开。

在某种意义上自相矛盾的一件事是，反垄断领域中争议最少之处可能恰恰也是经济理论之政策基础最为薄弱之处。当然，大多数经济学家并不认为这是个问题，这或许是因为他们（同我一样）认为直接沟通（特别是面对面地沟通）通常会导致合作，而串谋促进竞争的有益一面极其罕见且难以验证。尽管如此，经济学家还是应当对这种信念背后的经济学原理有更好的理解。此外，正如我们在 2.4 节将要看到的，这种理解也有助于指导反垄断法的实施。

价格操纵效应的证据

《谢尔曼法》禁止企业间就价格问题进行沟通与达成协议，如果正式的经济理论对此规定之效应不展开研究，而保持令人惊奇的沉默，那么或许已有的经验研究能为下面的观点提供强有力的支撑，即阻止寡头垄断企业之间的磋商对其制定价格有重大影响。而事实上，现有

① 关于这一问题可参考 Genesove 和 Mullin（2001）描述的一个有趣案例，其中，糖业协会卡特尔鼓励成员间进行广泛的沟通，旨在对被指控的背信行为做出裁决，并提出适当的惩罚措施。

已发表的文献为该命题提供的经验证据可能比我们期望的要少。

例如，Sproul（1993）选择了在1973到1984年间个人或企业因价格操纵而遭起诉的约400起案例中的25起（可以获得这25起案例的必要数据）加以考察。针对每一起案例，他都将被起诉前的产品价格对相关价格进行回归，从而构造出一个“预测价格”。[①] 他继而考察了在诉讼过后的一段期间内实际价格与预测价格间的比例，他所观察到的平均效应如图2—2所示（在构造该图时，对25个产品背后的序列进行了调整，以使每一起案例中诉讼所发生的时间都是“第100个月”）。

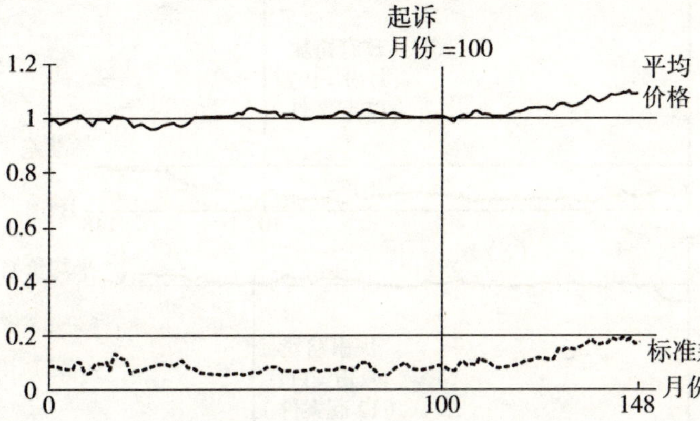

图2—2　价格操纵诉讼对价格的影响（Sproul（1993））

总体来看，起诉发生后的价格（相对于预测价格而言）呈上升趋势。如图2—3（a）至（c）组所示，考察其他重要事件（例如政府相信串谋已停止的日期、政府进行惩罚的日期、民事惩罚的日期）发生后价格的变化，并未改变这一基本结论。[②]

Sproul的研究并不表明政府反对价格操纵的强制行为导致价格的显著降低，这一点是确切无疑的。但是，涉及Sproul研究的一个重要问题是，其所采用的价格数据通常来自美国劳工统计局（Bureau of

① Sproul试图选取的相关价格，一方面与所考察产品被起诉前的价格有密切的相关性，但另一方面，相对而言又没有受到起诉或影响起诉所在产业的其他因素的影响。

② 在构造这些图形的时候，对优先序列再次进行处理，以使每一起案例中被讨论的事件都发生在同一个月。Sproul依据起诉与相关事件之间月份的平均值来设定月份（比如，起诉与政府处以罚金之间的时间通常来说是7个月，因此，政府处以罚金的时间就设定为“第107个月”）。每个图中还标明了用来构造指数的案件数量，图中的缺失信息说明这个数字低于25。

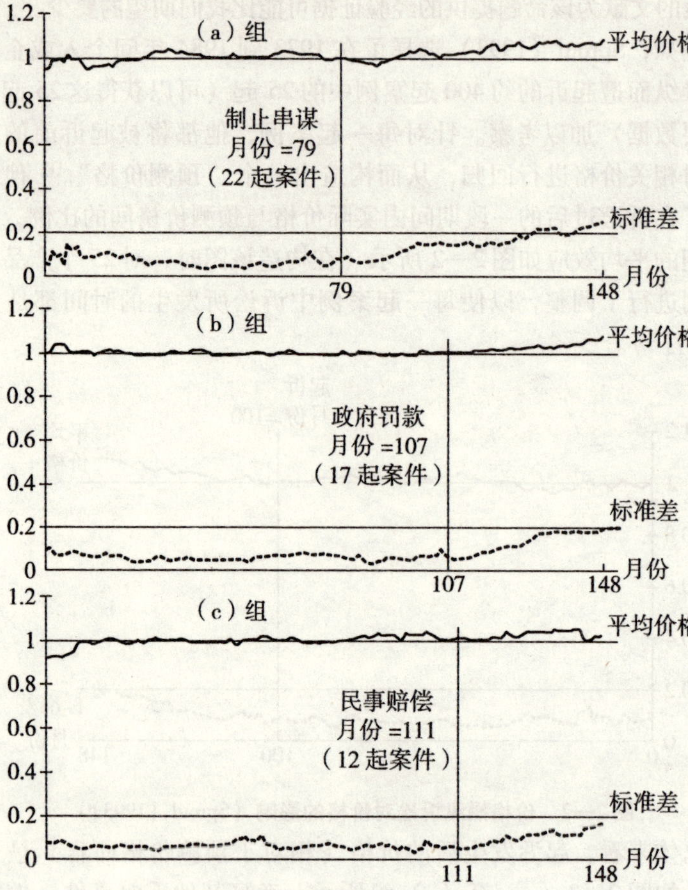

图 2—3　制止串谋、罚款和民事损害赔偿对价格的影响（Sproul（1993））

Labor Statistics，BLS）的价格指数，因此可能涵盖许多产品而非起诉所涉及的特定产品。那么，制止串谋的效应可能混杂在其他价格波动的“噪音”之中。同样的，Sproul 考察的几个案例都是汽油价格操纵案，而他用的却是城市平均价格。实际上，从 Sproul 的论文所提供的信息来看，很难判定这是否是一个问题。

Block、Nold 和 Sidak（1981）（以下简称“BNS”）运用适当的总量层面的价格数据在更加非总量层面上考察了这一问题。BNS 考察了 16 个地方性（城市层面）面包市场从 1965 年到 1976 年的价格。在该期间，美国司法部控诉多家面包生产商有价格操纵行为。BNS

通过（2—1）式的回归拟合值为这些地方性面包市场构造了一个他们称为“加成（mark-up）”的度量标准：

$$p_{it} = IC_{it} + \sum_j \beta_j \omega_{ijt} + \varepsilon_{it} \tag{2—1}$$

其中，p_{it}是城市范围内面包的BLS零售价格指数；IC_{it}是i市场t年的原料成本（用面包的标准配方推算）；ω_{ijt}是i市场t年的非原料投入j。继而BNS将加成定义为：

$$M_{it} = \frac{p_{it} - \hat{p}_{it}}{\hat{p}_{it}} \tag{2—2}$$

（应该说明的是，这一变量与其被视为加成，不如被理解为由面包的样本平均成本调整价格推导而来的。例如，如果所有市场每一期对成本的加成都相同的话，那么这一行为将恒等于零。）接着，BNS按反垄断实施标准以一阶差分形式对加成度量标准进行回归：

$$\Delta M_{it} = \alpha_0 \cdot \Delta Budget_t + \alpha_1 \cdot DOJREG_{it} + \alpha_2 \cdot DOJREM_{it} + u_{it} \tag{2—3}$$

其中，$\Delta Budget_t$ 表示美国司法部反托拉斯局在t年的预算变化情况；如果在t-1年同一地区不同城市存在针对面包产业价格操纵的实施行动，则i城市t年的$DOJREG_{it}$取值为1；如果i城市t-1年存在针对面包产业价格操纵的实施行动，则i城市t年的$DOJREM_{it}$取值为1。表2—1的第一列数据给出了回归结果（括号内为t检验值）。相邻两列是回归结果，回归包括对食品部门（ΔFOODM）和一般制造部门（ΔGENM）价格变化的度量，以控制影响面包价格的非相关因素。

回归结果表明，增加反托拉斯局预算，实施针对相邻城市价格操纵的行动，以及在一个给定城市实施针对价格操纵的行动都会导致价格降低。一个给定城市的一项实施行动会使得次年和起诉年的价格均下降（相当于估计价格 $\hat{p}$ 的）4.6%。当然，这表明对价格的影响相对较小①,②。

---

① 但是，请注意，对消费者剩余影响的百分比可能远远超过对价格影响的百分比。例如，如果需求是不变弹性形式 $x(p) = p^{-\varepsilon}$，其中 $\varepsilon > 1$，那么，当价格从p上升到αp的时候（其中 $\alpha > 1$），消费者剩余下降的百分比为：

$$\frac{CS(\alpha p) - CS(p)}{CS(p)} = \alpha^{1-\varepsilon} - 1。$$

因此，当 $\alpha = 2$ 时，价格上升4.6%会导致消费者剩余减少4.6%。但是，如果 $\alpha = 4$，则会导致消费者剩余减少12.6%。

② Newmark（1988）认为，即使BNS很小的影响也是由于其所采用的数据有问题而造成的。

表2—1 美国司法部反垄断法实施的调整对面包产业加成变化的影响估计

自变量	(1)	(2)	(3)
ΔBUDGET	-.015[a]	-.024	-.020
	(-2.68)	(-4.06)	(-3.65)
DOJREG	-.026	-.025	-.027
	(-2.21)	(-2.09)	(-2.26)
DOJREM	-.046	-.046	-.044
	(-2.32)	(-2.41)	(-2.32)
ΔFOODM		+.058	
		(2.33)	
ΔGENM			-.010
			(-1.60)
常数	.013	.014	.017
R^2	.082	.113	.101
F-统计量	6.04（3 204）	6.47（4 203）	5.68（4 203）

资料来源：Block，Nold，and Sidak（1981）。

注释：每一回归所依据的观测值都是208个。

[a]该系数以百万美元为单位进行估计。

包括Stigler和Kindahl（1970，1992）、Feinberg（1980）、Choi和Philippatos（1983）在内的另外一些文献的研究结论也表明了，价格操纵禁令的执行对定价的影响很小。

我们如何理解价格操纵禁令执行后价格却几乎没有下降的现象呢？一种可能性是，因为如果没有能力执行有约束力的协议，串谋完全难以监管与维持，所以同行之间的磋商并不起多大作用。另外一种可能性是，即使在没有磋商机会的情况下，企业之间可能也能够有效地实现串谋，从而使得同行之间的磋商并不起多大作用。此外还有第三种可能性，即尽管磋商极可能会使得价格上涨，但是企业可能总是会忘记被捉住的风险，哪怕在刚刚被捉住一次之后也是如此。在这三种情形中，禁止同行磋商都可能没有什么效果。

此外，同行磋商还可能具有某种促进竞争的削价效应，从而完全或部分地抵消任何抬高价格的趋势。例如，Sproul（1993）证明了许多价格操纵串谋者可能会从事一些诸如降低成本等对社会有益的活动，从而降低了价格（如上所述，可能通过在企业间更有效地分配产量）。McCutcheon（1997）指出了另外一种可能性：《谢尔曼法》针对同行磋商的禁令可能让串谋变得更加容易，因为该禁令使得关于已商定的惩罚办法的再协商变得更加困难了。当然，最后这两种可能性解释与下述观点是一致的，即《谢尔曼法》关于同行磋商的禁令弊大于利。

然而，若干理由表明那些研究成果可能忽略了同行磋商禁令的某些削价效应。理由之一与测度有关。从事价格操纵行为的企业有可能在停止磋商的一段时间后依然维持高价。[①] 真若如此，那些研究则可能由于没有充分考虑到磋商行为过后的一段时间，而忽略了禁令的削价效应。理由之二是，如果串谋者担心被调查和侦察，磋商中的卡特尔可能就会相对无效率了。真若如此，那些研究则可能不会告诉我们当不存在任何形式的价格操纵行为时价格水平将会如何。理由之三是，企业即使在被发现从事串谋行为之后，可能依然认为被发现的概率不变。真若如此，其行为在被起诉后也不会改变，即使被发觉的预期确实影响企业从事价格操纵行为的程度。

此外，许多文献（包括近期的几篇文献）的确提供了价格操纵串谋会使价格明显上升的证据。Porter 和 Zona（1999）考察了俄亥俄州 1980 年至 1990 年学生用奶采购拍卖的竞标行为。他们研究的数据来源于俄亥俄州总检察长对该州 13 家乳品企业进行的调查。这项调查起源于 1993 年该州西南部两家乳品企业的供词（这两家企业作证它们串通该地区的其他企业进行不正当竞标）。为了测算串谋对价格影响的大小，Porter 和 Zona 进行了一项回归分析。该回归的因变量为中标价格，自变量包括校方所要求的种种合同条款（例如，是否要求提供冷柜或吸管），潜在竞标者的各种成本（例如，校区与最近的、第二近的乳品生产企业的距离），以及两个度量竞争的函数：①从校区周边 75 英里范围内的乳品生产企业（“当量企业”数目）市场份额推导出的赫芬达尔—赫希曼指数（Herfindahl-Hirschman Index）的倒数，和②由于在校区周边 75 英里范围内拥有工厂的任何一家被告企业的存在而带来的有效赫芬达尔—赫希曼指数的变化，记作 Delta（即当所有串谋企业被视作一家企业时，指数的变化）。

---

① 例如，Daughety 和 Forsythe（1987）证明了在一个重复古诺博弈实验中，沟通对合作行为的确有影响，甚至沟通停止以后这种影响依然存在。

表2—2中（a）至（c）列给出了每一年的变量系数估计值，包括Delta本身、Delta平方（记作Delta^2），以及Delta与赫芬达尔—赫希曼指数倒数的一个互动项。（d）列给出了俄亥俄州西南部校区乳品企业串谋对价格影响百分比的均值，由那些估计的系数反映出来。① 在10年期限内，串谋使得价格平均上涨了4.6%。如果由不同年份的不同拍卖数作权重，并且排除据说卡特尔崩溃的3年（1983—1984年、1989—1990年和1990—1991年），则平均上涨6.5%。

表2—2　价格操纵对学生用奶价格的影响

学校年度	估计的Delta系数	估计的Delta^{2}系数	估计的互动项系数	估计的平均效应	存在在位企业时所估计的效应
	(a)	(b)	(c)	(d)	(e)
1980—1981	−0.00140	−0.00150	0.00163	3.0%	3.2%
1981—1982	0.01304	0.01167	0.00103	11.3%	40.2%
1982—1983	0.02731	0.00225	0.00098	8.6%	23.2%
1983—1984	0.02995	−0.00970	0.00156	4.5%	1.1%
1984—1985	0.02147	0.00106	0.00199	6.7%	19.7%
1985—1986	0.02684	−0.00230	0.00122	5.4%	11.5%
1986—1987	0.02425	0.00173	0.00130	6.5%	20.5%
1987—1988	0.00368	0.02901	0.00060	3.3%	49.0%
1988—1989	−0.02270	0.03636	0.00229	2.9%	29.4%
1989—1990	−0.04940	0.01340	0.00410	−1.6%	3.4%
1990—1991	−0.02010	−0.01260	0.00634	−0.3%	−8.3%

资料来源：Porter and Zona（1999）。

尽管6.5%的涨幅并不算大，但有两点需要注意。首先，Porter和Zona获取了企业成本的一些直接信息。距离校区20英里内的非被告乳品企业半品脱一盒装牛奶的报价估计为12.5～13.0美分之间（依所用模具而言），而可变成本则达到每盒约10美分。因此，6.5%的涨幅意味着成本的加成上涨了大约30%。假设购买量没有因此下降（实际上学生用奶的需求非常缺乏弹性），那么即使串谋使得价格涨幅不大，由此带来的利润增长百分比却是非常大的。其次，这

① 十三名被告中，有三名位于俄亥俄州西南部，其余都来自俄亥俄州东北部。

个6.5%是许多地区的平均值，在这些地区，有些被告企业有市场势力，有些被告企业没有市场势力。表2—2中的（e）列显示了因串谋导致每年价格增长的平均百分率，当仅看西南地区时，有一家被告企业在上一年为在位企业，所有被告企业联合起来可能具有较大的市场势力。这些市场中每年价格平均上涨幅度实质上大得多，最高达到49%，在卡特尔存在的八年期间平均上涨约24.6%。

Froed、Koyak和Werden（1993）的研究也证明了采购拍卖中价格操纵行为的巨大影响。他们考察了美国国防部冷冻鲈鱼采购拍卖中投标者之间已被证实的串谋行为的影响。他们通过串谋停止后时期的数据拟合了一个简化式定价模型，并将其投影到串谋发生期间，来获取串谋前期的"非串谋"估计价格（也被称作"若非"价格（"but for" prices））。凭借这种方法，他们发现整个串谋期内的估计价格上涨了27.3%。

Kwoka（1997）考察了华盛顿特区房地产拍卖中竞标者之间持久存在的串谋案例。通过比较拍卖时卡特尔的支付价格与拍卖后卡特尔成员间"敲槌卖出拍卖（knock-out auction）"的支付价格，[①] Kwoka获得了卡特尔过高定价的估计值（因为Kwoka考察的是买方卡特尔，因此在数量上减少了投标价）。Kwoka从这种比较中得出过高定价的估计值为32%左右。

Howard和Kaserman（1989）考察了城市下水道施工合同竞标企业之间价格操纵串谋的影响。有证据表明在某一时点，企业由于担心被发现（由于在道路修筑企业中开展联邦刑事调查）而停止其串谋行为。这使得Howard和Kaserman能够对7个串通投标的施工项目和39个未串通投标的施工项目进行比较。他们估计价格操纵行为导致的过高定价为40%左右。

相对而言，在这4项研究所考察的拍卖情形中，串谋可能都比较容易实现（Porter和Zona（1999），Froed、Koyak和Werden（1993），Howard和Kaserman（1989）考察的是政府采购拍卖，Kwoka（1997）考察的是口头升价拍卖（oral ascending auction））。最近一些广为人知的国际卡特尔证明了在非拍卖情形中串谋也会导致价格明显上涨

① 为了得到该项目价值的估计值，Kwoka调整了敲槌卖出拍卖（knock-out auction）的中标情况以解释敲槌卖出拍卖中输者得到中标份额的现象。

(Connor (2001a), Griffin (2001))。

这类串谋的一个例子是广为人知的1992—1995年间操纵价格的赖氨酸卡特尔。赖氨酸是促进动物瘦肉生长的饲料添加剂。图2—4给出了1990年1月至1995年12月赖氨酸的价格走势(根据White (2001)的数据绘制)。在1991年以前,赖氨酸产业中的企业数目较少,且都为外国企业。1991年春,阿丹米公司(Archer Daniels Midland, ADM)进入这一产业,并引进了一套新的生产设备。这套新设备使得行业生产能力从每年3.9亿万磅逐升至每年6.4亿万磅。到1992年中期,这套生产设备只用了40%的生产能力,赖氨酸价格已下降惨烈,低至ADM的可变成本以下。1992年6月,卡特尔形成,并达成协议,价格从69美分被抬高至1美元。价格虽然上升了,但到1993年早期,维持卡特尔协议变得困难起来。1993年10月,卡特尔达成了一项新的协议——调整市场份额,此后价格稳定在一个较高水平上。1995年6月,FBI突然搜查ADM总部,终止了这一串谋行为。

如想准确判断串谋行为在多大程度上促成了赖氨酸价格的上涨,则需要剔除赖氨酸价格中规律性季节周期的影响(除了串谋发生的1994年明显不同之外,其他年份都是夏季下降、秋季上涨),并且还要确定如果没有串谋的话价格将会如何。案例中一位原告的证词估计过高定价的幅度为17%(Connor (2001a, 264);也可参见Connor (2001b)和White (2001))。

总体来看,现有文献关于价格操纵串谋效应的分析结论不太一致。相对而言,价格操纵案件中的巨额损害赔偿金是常有之事,其法律依据是串谋会带来过高定价。考虑到上述事实,已发表的能够证明价格操纵导致显著效应的文献却如此之少,这不能不令人感到惊讶。[①] 因此,关于这方面的研究还需要有更多的(通过同行评审的)

① 除了前面已经提到的研究成果外,Taylor (2002) 使用总产出数据部分地证明了1933年的《国家产业复兴法案》具有降低产出的效应。这一法案使得许多产业形成了在一定程度上由政府来实施的卡特尔组织。Baldwin、Marshall 和 Richard (1997) 考察了美国森林木材销售中的竞标行为。在他们的案例中,没有任何直接证据能够证明串谋的发生。为此,他们分别拟合了非合作竞标行为与合作竞标行为的结构性模型,以此检验何者与数据拟合得更好(他们发现合作模型拟合得更好),并测算了企业遵循非合作模式与合作模式所带来的价格差别。他们发现在串谋行为模式下企业收益将近7.9%。但需要说明的是,Baldwin、Marshall 和 Richard 文献中的非合作行为可能是默契协调而非价格操纵的结果。

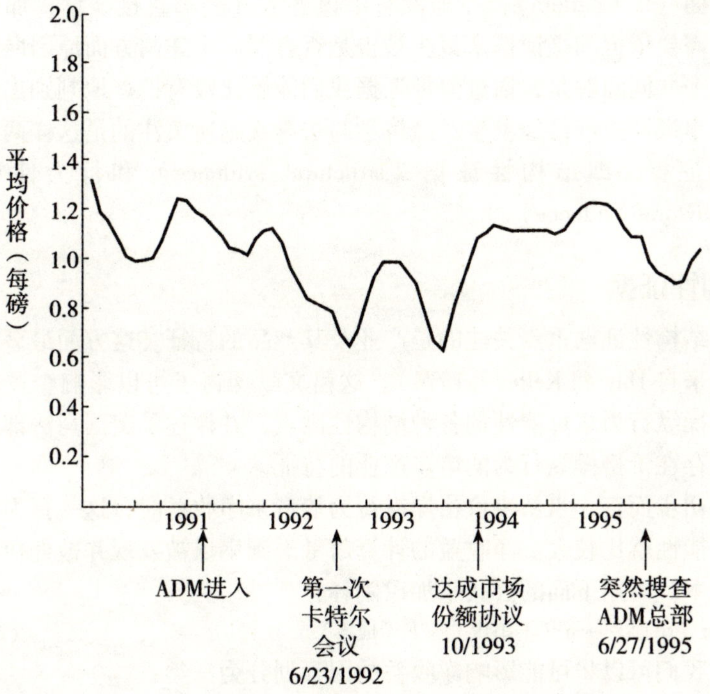

图2—4　1992年1月—1995年12月的赖氨酸价格

文献发表。此外，在一定程度上，这些结论不一致的经验证据反映了实际效应的多样化，因此，一个有益的研究方向是探索价格操纵导致价格上涨的作用机理。

2.4　识别价格操纵

在很多情况下，我们无法找到直接的证据（比如开会达成某一价格的证据）来证明价格操纵串谋的存在，但我们可能希望根据其他一些证据间接地推断出结论。我们之所以要这样做，主要有两方面的原因。第一，执法机构有兴趣通过多种线索来推进其执法工作。通过掌握一些间接证据，执法机构便能够锁定某些产业进行深入调查，进而找出价格操纵串谋存在的直接证据。第二，在一些价格串谋案件中，法院（或陪审团）可能会面临没有“确凿证据（smoking gun）”

的局面（fact pattern），亦即没有串谋各方开会等直接证据，那么可能就需要依据间接证据来裁决被告是否有罪。上述两方面原因所涉及的一个共同问题是，通过何种证据我们能够比较有把握地判别出价格操纵串谋即将或已经发生？经济学与法学文献所关注的是这样两种类型的证据，即结构性证据（structural evidence）和行为性证据（behavioral evidence）。

结构性证据

结构性证据重点关注的是产业及其产品的特征。这方面最著名的文献来自 Hay 和 Kelley（1974）。这篇文献探讨了可以影响企业从事价格操纵行为之可能性的各种结构性因素，并评述了美国司法部所确认的存在价格操纵行为的诸多产业的特征。

初步而言，当从事价格操纵行为能带来净收益时，这一行为出现的可能性就比较大。净收益的计算需考虑到串谋被发现并被处罚的期望成本，可用下面的公式来加以阐释：

$$\pi（串谋）-\pi（不串谋）-E（成本） \quad (2—4)$$

我们可以将可能影响净收益的因素划分为三类：

（i）影响“π（串谋）－π（不串谋）”潜在规模的因素

这里我们考虑的是企业可能获得的最高利润（最可能出现的子博弈完美纳什均衡）和最低利润的差额。简单地说，假如二者的差额很小（比方说，在一个很难维持正利润的产业），那么考虑到潜在的刑事处罚，企业就没有积极性去进行价格操纵。影响二者潜在差额的一类因素与欺骗激励有关。这些因素使得高于非合作水平的任何给定的价格增长都难以维持，而这些因素又受如下产业特征的影响：

- 产业集中度（较高的集中度使得维持一个高于竞争水平的价格变得更加容易，参见 Tirole（1988，247—248））；
- 企业价格的可观测程度（可观测程度越低，比如存在许多关于削价的嘈杂信号，则维持一个高于竞争水平的价格就会更加困难，参见 Stigler（1964）及 Green 和 Porter（1984））；
- 需求的波动性（需求波动使得维持串谋的计划变得更加困难，参见 Tirole（1988，248））；
- 产业的生产能力（总生产能力及其分布可能是至关重要的，

尽管这种影响并非必然是单调的，参见 Brock 和 Scheinkman（1985）以及 Compte、Jenny 和 Rey（2002））。

影响这种潜在差额的另一类因素与价格上升带来利润增加的程度有关。例如，这些因素包括市场规模（假设成本为规模报酬不变的，每一个价格水平下的市场需求翻一番，会使得价格操纵的潜在收益也翻一番）和需求弹性。①

（ii）影响实际由磋商带来的潜在收益大小的因素

Hay 和 Kelley 所探讨的许多因素都属于此类。他们主要关注给定因素如何使得与公开串谋有关的协调变得更加容易。但是，这里存在的难点在于，我们所考虑的绝大部分因素的影响在理论上都是模棱两可的。这是因为一个使得协调变得更加容易的因素很可能在企业磋商和不磋商两种情况下都能使协调变得更加容易。例如，当一个产业的企业数目很多时，不管企业磋商还是不磋商，协调可能都比较困难；当产品种类很少，或者产品特征变化不大等因素导致产品较为同质的时候，不管企业磋商还是不磋商，协调可能都比较容易；当企业较为对称时，不管企业磋商还是不磋商，协调可能都比较容易。当企业磋商比不磋商会使协调变得相对容易时，这种相对容易的程度就决定着一个给定因素如何影响企业从事价格操纵行为的激励。本质上，Hay 和 Kelley 在研究中假定企业在没有公开沟通的情况下，几乎不可能进行成功的协调。因此，与公开沟通相关的协调难易程度的变化是至关重要的。但是，正如我们在2.3节所看到的，关于这一问题目前还知之甚少。②

（iii）影响价格操纵之期望成本的因素

影响串谋期望成本的第一个因素是显而易见的：惩罚的严厉程度。不幸的是，对各个产业串谋的惩罚程度都相差无几（至少在一国之内）。但是，有一些因素可能会影响串谋被发现的概率，并且不同产业之间很可能相差较大。这包括必要的参与者数目（通常而言，当参与者数目较多时，其中一些参与者就可能向政府告密，或将秘密

① 需要注意的是，需求弹性也可能影响卡特尔成员不遵守已达成协议价格的积极性（但是，在一个简单的重复伯川德定价博弈中，情况却并非如此）。

② 至少在某些情况下，实验方面的文献的确为 Hay 和 Kelley 的隐含假定提供了一些支持。此类文献所提供的一些证据表明，在重复寡头垄断博弈情形下，当参与者数目超过2个或3个且相互之间没有沟通时，协调就会变得困难起来（例如，可参见 Holt（1993））。

泄露给那些会向政府告密的人)、买方的老练程度(如果他们知晓生产成本,他们就更加可能知道什么样的价格水平或涨价幅度是不正当的,从而可能私下里进行调查)、产品对于买方的重要程度(重要程度越高,买方就越有积极性私下里进行监视和调查)以及增加必需的会议次数的因素,比如串谋协议所涉及的产品数量或产品特征。[①] 此外,可能还有一些与发现和惩罚毫不相关的价格操纵成本,包括会议、讨价还价和监视的费用。例如,随着参与者数目的增加,这些费用很可能上升。

Hay 和 Kelley 对美国司法部在 1963 年到 1972 年间提出诉讼的违法价格操纵案件进行了总结。[②] 他们一共找到了 65 起这样的案件(Hay 和 Kelley 的论文收录了这些案例的摘要)。串谋被发现的途径多种多样。Hay 和 Kelley 调查了其中 49 起案件中的串谋行为是如何被发现的。其中,12 起是大陪审团在其他案件调查中发现的;10 起是源于竞争对手的投诉(这是让人有些迷惑的事情,或许是因为从事串谋的企业同时还从事了排他性行为);7 起是源于顾客的投诉;6 起是源于反垄断各级执法机构的起诉;3 起是源于在职或已辞职员工的投诉(余下案件被发现的途径也是多种多样,但一种途径只涉及 1 起或 2 起案件)。

Hay 和 Kelley 最引人注目的研究结论是这些案件大多发生在高度集中的市场。表 2—3 概括了 62 起案件中可利用的串谋者数目的分布和 50 起案件中可利用的前四家企业市场集中度。[③] 在上述的 50 起案件中,前四家企业市场集中度超过 75% 的有 21 起(占 42%);前四家企业市场集中度超过 50% 的有 38 起(占 76%)。相比之下,Scherer 和 Ross(1990)对 1982 年四位数制造产业集中度总体分布的考察显示,集中度超过 80% 的产业只占 5.1%,集中度超过 60% 的

① 当然,反垄断当局用于发起调查的任何线索都可以加到这一清单上。
② Hay 和 Kelley 仅将注意力集中在竞争者之间的价格操纵协议上(例如,《谢尔曼法》第一条所涉及的转售价格维持案件就被排除在外)。
③ 部分案件中前四家企业市场集中度数据不可获得,Hay 和 Kelley 采用如下办法进行计算:用 100 除以市场中企业的总数目,然后再乘以 4。因此,这个集中度数据代表了前四家企业市场集中度的下限。当然,这里假定 Hay 和 Kelley(以及他们所参考的美国司法部案情备忘录)没有过分缩小界定市场。

产业也只占17.6%。[①] 对于这一发现须持谨慎态度。因为我们所观察的是已被成功起诉的串谋样本，所以此处值得注意的是决定某串谋行为被发现的选择过程。但是，由于涉及企业数目较多的串谋更有可能被发现（并且Hay和Kelley研究发现涉及企业数目较多的串谋被发现的时间也更快），因此，相对于存在串谋行为的市场集中度的真实总体分布而言，案件中的集中度数据实际上可能偏小了。[②] 表2—3还表明，几乎所有牵涉企业数目较多的串谋都会有正规的贸易协会参与其中。但这些统计数据还不足以说明，当集中度非常高（比如只有两三家企业）的时候，价格操纵发生的可能性会降低。

表2—3　美国司法部1963—1972年间成功起诉的价格操纵案件中串谋企业、相关的市场集中度和贸易协会参与情况的分布

串谋企业数目	2	3	4	5	6	7	8	9	10	11—15	16—20	21—25	>25	总计
案件数目	1	7	8	4	10	4	3	5	7	5	2	—	6	62
贸易协会参与	—	—	1	—	4	1	—	1	3	1	1	—	6	18

	集中度比率				
集中度（百分比）	0—25	25—50	51—75	76—100	总计
案件数目	3	9	17	21	50

资料来源：Hay and Kelley（1974）。

在其他方面，Hay和Kelley发现几乎所有案件中的企业产品都是同质的，并且绝大多数案件中组织串谋的动因都是应付市场中存在的价格战或“无序竞争”。此外，当某产业的企业成员在一个局部市场被发现存在串谋行为的时候，剩余市场的成员往往也存在串谋行为，

① 但是需要注意，四位数产业可能与美国司法部（以及Hay和Kelley）在这些反垄断案件调查中所界定的“市场”相差很大。例如，四位数的预搅拌混凝土（Ready – Mix Concrete）产业（#3273）在1982年的前四家企业市场集中度只有6%，而它是一个高度区域性的产业，因此在当地市场占有高得多的市场分额。

② 在与之作用方向相反的效应中，最重要的或许是反垄断当局可能倾向于在高集中度市场寻找价格操纵行为。然而，发现串谋的途径多种多样，这种多样性说明这或许并不会削弱高集中度市场更有可能发生价格操纵行为的结论。

近期一些文献已经开始探讨在卡特尔合法（尽管法律还不保障其协议的执行）的环境下，何种因素可以解释卡特尔的形成。Symeonidis（2003）考察了英国在1956年《限制性交易行为法》（The Restrictive Trade Practices Act）之前的20世纪50年代存在的卡特尔。Dick（1996a）分析了1918年《韦伯—波密伦出口贸易法》（Webb – Pomerene Export Trade Act）后形成的出口卡特尔。这些文献回避了美国司法部的调查策略问题，但在这些不同的法律环境中卡特尔形成的决定因素可以是不同的（一般而言，在美国司法部的调查程序和卡特尔的形成过程之间，应该存在一个均衡点）。此外，还有一些相关文献探讨了合法卡特尔的寿命问题，例如Suslow（1988）、Marquez（1994）和Dick（1996b）的文章。

这就验证了结构性因素会影响串谋发生可能性的观点。相对于我们在2.3节关于价格操纵实施行为的影响较小的讨论而言，显然，Hay和Kelley也观察到一个重要现象，即当一个产业被成功起诉一次之后，往往随后会再次被成功起诉。

最后，关于企业从事价格操纵行为积极性的思考对于我们理解价格操纵效应的实证结论具有一些潜在而有趣的启发意义。特别的，当针对价格操纵行为的惩罚力度加大的时候，只有价格操纵行为给企业带来的收益水平上升时，企业才会认为值得去做。最近一段时间，特别是《美国量刑准则》颁布以来，由于美国针对价格操纵的惩罚力度明显加大，我们可以预料最近的价格操纵串谋行为的价格效应会更大。我们在2.3节分析的证据似乎或多或少地反映了这种格局。

行为性证据

人们可能还希望依据企业的行为性证据来推断价格操纵发生的可能性。那么我们到底能不能通过观察企业的行为来推断价格操纵串谋行为的存在呢？如果所有企业制定相同的价格意味着什么？如果不仅价格雷同而且都很高呢？如果所有企业都遵循业界最大企业A的报价，这又意味着什么呢？换一个思路，假如所有企业的行事方式看起来都很“合作”呢？这些问题引发的困难与我们前面所遇到的困难是相同的，即正式的经济理论告诉我们，磋商可能得到的任何结果也同样可能在没有磋商的条件下得到。① 如果我们要做出一项推断，那么一定是我们认为某类行为在企业能够公开协调的情形下更加容易发生。但是正如我们已经知道的，正式的经济理论目前对此问题几乎没有多少研究。

从直觉意义上来说，在一些案件中我们可能更愿意通过推断来识别价格操纵行为。例如，假设我们观察到一个同时发生的复杂行为：星期五有十家企业都对每单位产品收取19.174的价格，到星期一早晨又同时（即没有事先观察其他企业如何定价）将价格调整到

① 该结论可能有一个例外，即企业拥有独立私人信息时的情形。在这样的情形中，如果我们发现企业的行为随着仅为其他企业知晓的私人信息而变化（或者同样的，当可观测的时候，与其他企业的行为相关联），那么我们或许可以推断出沟通正在发生。但是，作这样一种推断会产生如下问题，即企业即使不通过沟通，也有可能获取其他企业的部分不完善信息。

20.343。进一步假定需求上没有发生意外变化，主要的投入品也都没有调整价格。最后，假定任何一家企业单独制定高价都会带来巨额的利润损失，对于企业而言单方面涨价的风险很大，如同图2—1的博弈所描述的。在没有任何沟通的情形下，这种行为当然也有发生的可能性。但是即使（很不幸地）我们目前只能主要从直觉而非正式理论的层面来分析，这种可能性也是微乎其微的。①

经济学家在提供串谋证据时，通常都着力于识别一个企业是否有"合作"行为。最简单的例子是，当一位经济学家试图向法官或陪审团证明一项串谋已然发生（或者美国司法部或联邦贸易委员会的一位经济学家在寻找串谋证据）的时候，他会通过比较其他相似市场或时间段的情形来判断价格相对于成本而言是否相对过高。更一般而言，一位经济学家可能会寻找不同市场、不同时间段或不同企业（即被怀疑为串谋的企业与非串谋的企业的比较）之间行为的任何差别。

一对姊妹篇文献——Porter和Zona（1993，1999）的文章就采购拍卖情形中合作行为的识别进行了有趣的探讨。这两篇文献都试图识别一簇企业的合作行为，且已知该簇企业确有串谋行为。识别办法是寻找该簇企业与市场中由其他企业构成的一个控制簇在行为上的差别（其想法是，如果这种检验方法在这些案例中是有效的，那么当一项可疑的串谋正发生的时候，我们可能就会有信心运用它来识别）。

Porter和Zona（1999）的研究对象是2.3节所讨论过的学生用奶采购拍卖。他们考察了企业行为的两个特征：其一，是否参与竞标的决策；其二，在参与竞标的条件下报价多少的决策。解释变量包括采购说明以及企业的绝对成本位置和相对其他企业的成本位置。图2—5和2—6依据其估计结果，描述了这两项决策如何依赖于"竞争性"企业（即未被起诉为价格操纵的企业）的距离（每个图中的三条曲线分别对应其"基础"模型及两个固定效应模型的结果，两个固定效应模型包括不同竞标者的固定效应模型、不同竞标者及不同校区的

① 正如前文已经讨论的，若干实验证据表明，在重复寡头垄断博弈情形下，当参与者数目超过2个或3个且没有外部沟通时，有效协调就不大可能。如果真实市场果然如此，那么这种环境中合作行为的证据应该足以让我们推断出价格操纵行为可能会发生。考虑到行为性证据对于推断企业价格操纵的重要性，迫切需要更多的研究者来关注这一问题。

固定效应模型）。竞标发生的概率随着与校区距离的增加而快速下降，而报价水平随着距离的增加而上升。相反的，Porter 和 Zona 证明了被怀疑为卡特尔成员的企业表现出极其不同的行为。例如，其报价水平往往随着距离的增加而递减，这是因为当它们在拍卖中竞标的时候，距离遥远，不受卡特尔协议约束，它们就会给出竞争性的报价。

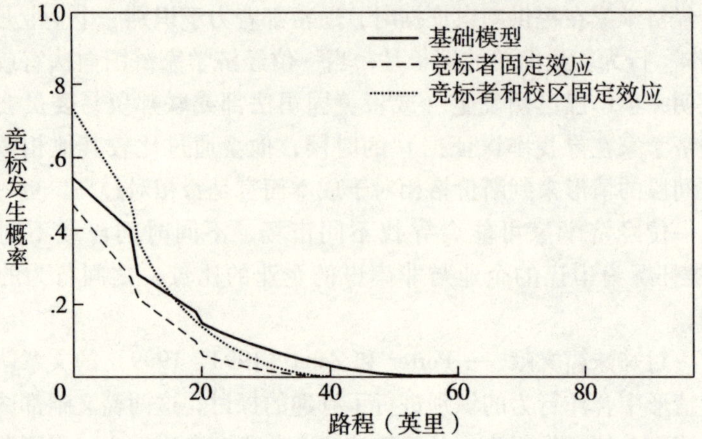

图 2—5　依据距离校区路程估计的竞争性企业参与学生用奶竞标的概率

资料来源：Porter and Zona（1993）。

Porter 和 Zona（1993）的研究对象是 1979 年 4 月到 1985 年 3 月期间纽约长岛高速公路修筑工作的采购拍卖。与学生用奶的研究相反，这里没有关于工作特征的数据，因此无法比较不同工作之间的竞标水平。Porter 和 Zona 采用了一个更为聪明的替代性思路：如果那些企业被怀疑参与了价格操纵阴谋，他们就会指定一个竞标者作为真正的竞标者，而其他企业都是“虚假”竞标者，那么最低卡特尔成员报价的决定因素就可能与所有其他卡特尔成员相差很大（前者应该依据成本，后者则可能并非如此），而所有竞争性企业报价的决定因素则应该是相同的。Porter 和 Zona 实践这一思路的办法是将某一项工作的竞标进行排序。具体来讲，令 X_i 表示影响企业 i 施工成本的可观测因素（比如企业目前正在承担的工作数量），并假定企业的报价函数是一个递增函数 b（$X_i\beta + \varepsilon_i$）。例如，当只有两家企业的时候，我们可以将企业 i 的报价小于企业 j 的概率写作：

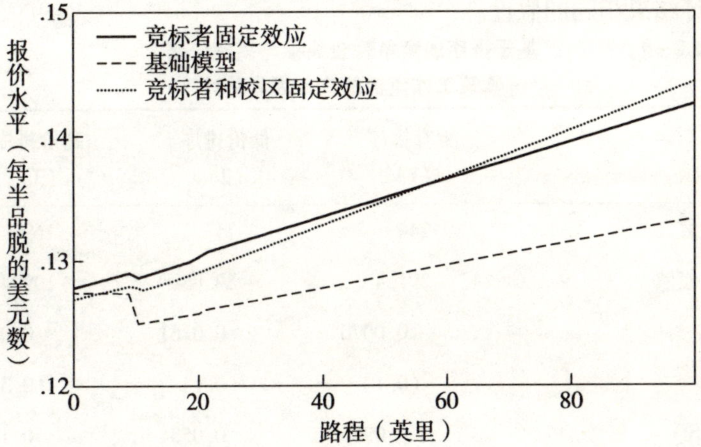

图 2—6 依据距离校区路程估计的竞争性企业参与学生用奶竞标的报价水平

资料来源：Porter and Zona（1993）。

$$\Pr(b_i < b_j) = \Pr(\varepsilon_j - \varepsilon_i \leqslant (X_i - X_j)\beta)$$

正如 Porter 和 Zona 所观察到的，如果 r_n 是 N 个企业中第 n 个报价最高的竞标者，那么可以写作：

$$\Pr(r_1, \cdots, r_N \mid \beta) = \Pr(r_1 \mid \beta) \cdot \Pr(r_2, \cdots, r_N \mid r_1, \beta)$$

现在，如果企业以非合作方式行事，那么不管使用概率模型 $\Pr(r_1 \mid \beta)$从一组 N 个企业中识别低报价者，还是使用概率模型 $\Pr(r_2, \cdots, r_N \mid r_1, \beta)$对其他 N－1 个企业进行排序，我们都将得到相同的 β 估计值。Porter 和 Zona 针对竞争性企业和疑为卡特尔成员企业两种情况分别估计了这两个模型。表 2—4 给出了竞争性企业的结果。第 1 列报告的参数估计所依据的是用 $\Pr(r_1, \cdots, r_N \mid \beta)$ 模型对所有报价排序的解释；第 2 列所依据的是用 $\Pr(r_1 \mid \beta)$ 模型对最低报价者识别结果的解释；第 3 列所依据的是用 $\Pr(r_2, \cdots, r_N \mid r_1, \beta)$ 模型对除最低报价者之外的所有报价者进行排序结果的解释。第 2 列和第 3 列的参数估计结果非常接近（比较生产能力利用变量 CAP 和 CAPSQ 的系数，它们是仅有的统计显著变量），因此，我们不能拒绝参数相同的假设。相反的，在表 2—5 中我们可以发现，对卡特尔成员企业中最低报价者解释的估计结果远远不同于对其他卡特尔报价排序解释的估计结果。此处我们能够以 94% 的置信水平拒绝估计结果相同的假设。

表 2—4　　　基于排序的竞争性企业参与高速公路修筑工作竞标的决定因素估计

	所有排序 (1)	低价排序 (2)	高价排序 (3)
观测值	244	75	169
对数似然	-291.4	-89.85	-199.4
UTIL	-0.0070	0.0161	-0.0552
	(0.1)	(0.1)	(0.3)
UTILSQ	0.0986	0.0534	0.1596
	(0.8)	(0.3)	(1.0)
NOBACK	-0.0283	0.0089	-0.0454
	(1.0)	(0.2)	(1.3)
CAP	-1.888	-1.641	-2.100
	(3.8)	(2.4)	(3.0)
CAPSQ	6.869	6.517	7.020
	(3.9)	(2.6)	(2.9)
ISLAND	-0.0182	-0.0759	0.1016
	(0.3)	(0.9)	(0.9)

资料来源：Porter and Zona（1993）。

注释：括号内为 t 统计量的绝对值。

这是个非常漂亮的检验，但是有几个问题值得注意。第一，Porter 和 Zona 在他们的估计中加入了相当强的函数式限制。第二，合作也能够采取该检验无法识别的形式。例如，企业之间可以采取这样一种形式协调其行为，即仿佛它们的成本按一个固定百分比上升一样，从而很容易就实现了串谋。假若如此，我们就难以将其从那些以非合作方式行事的企业中甄别出来。第三，由于我们在前面已经讨论过的原因，这些论文中的方法不能够识别出那些没有公开沟通的企业合作行为。

表2—5　基于排序的嫌疑卡特尔企业参与高速公路修筑工作竞标的决定因素估计

	所有排序 (1)	低价排序 (2)	高价排序 (3)
观测值	85	50	35
对数似然	-73.97	-44.58	-24.92
UTIL	0.0429	0.2107	0.2310
	(0.3)	(1.0)	(0.6)
UTILSQ	-0.0112	-0.1128	-0.4300
	(0.1)	(0.6)	(0.9)
CAP	0.4306	1.101	-2.537
	(0.9)	(1.3)	(1.6)
CAPSQ	-0.8473	-1.904	3.861
	(0.9)	(1.2)	(1.4)

资料来源：Porter and Zona (1993)。

注释：括号内为t统计量的绝对值。

法庭一直为串谋的推断问题所困扰，其判决意见往往在目标及怎样实现目标的两个方面都显得十分混乱。有时候，法庭会说它正在试图推断一项公开协议的存在，但却仅仅使用毫无意义的标准，诸如仅有的证据是行为互相依赖。偶尔，在其他场合，法庭会认为如果企业之间存在明显的合作行为，那么，甚至公开协议的存在都不是判定其违法的必要条件——某种形式的“故意雷同（conscious parallelism）”即可判定。①

2.5　针对默契串谋的反垄断政策

上节篇末的讨论引出了一个重要的问题：为什么我们需要通过企业签订的公开协议才能判定它们违反了《谢尔曼法》？也就是说，我

① 关于这些案例的相关讨论，可参见 Areeda 和 Kaplow (1997, 264-286)。

们能否通过判定企业之间存在默契串谋行为来适用《谢尔曼法》关于限制贸易串谋行为的禁止条款？抛开法案的初衷不谈，我们应当如何分析这一政策？

有学者认为，将《谢尔曼法》的适用范围限定在企业签订的公开协议的主要理由是，若非如此，我们很难告诉寡头垄断企业何为串谋。难道我们告诉它们“不要默契串谋”？或者“做出价格决策时，不要参考竞争对手的价格”？当它们做出这些决策的时候，难道它们的行为不合理吗？难道非得将那些未遵守这种模糊法令的经理们送进监狱才算公平吗？还有学者认为，将《谢尔曼法》适用于默契串谋，将会导致法庭承担的职责雷同于产业部门的价格规制。

Turner对此提出了最权威而清晰的论述。他认为消除默契串谋的任务非《谢尔曼法》第一条所能胜任（Donald Turner，1962）。相反，Turner提出了在高度集中市场（依据《谢尔曼法》第二条或重新立法）实施分拆重组政策，试图以此从根本上解决导致默契串谋行为的结构性原因（Turner，1969）。这一观点也在著名的“尼尔报告”（Neal Report，1968）中被采用。

以波斯纳（Posner，1976；2001）为代表的另一批学者对此问题持不同观点。问题背后的根本前提是寡头垄断定价过程中的“理性”使得针对寡头垄断企业定价行为的反垄断措施失去了作用，波斯纳对此提出了质疑。难道不正是交通罚单的威胁才改变了“理性”的汽车驾驶员的行为吗？波斯纳由此建议美国司法部和联邦贸易委员会在证明一个产业存在默契串谋的时候，可以采用货币性惩罚措施。

争论双方共同的问题是都回避了产业的长期性价格规制问题，其惩罚措施也都未涉及徒刑。每一方的观点还存在着一些独有的问题。就Turner（以及“尼尔报告”）的观点而言，正如波斯纳（2001）花费整整一章篇幅所批判的，基于反垄断法的结构性分拆方案（以应对兼并和图谋垄断）历来就以耗时、耗资而收效甚微著称。此外，由于需要考虑各种可能的效率损失（规模经济的损失或其他方面的损失），可能使重组过程通常变得困难重重且成本高昂。而另一方面，波斯纳观点的不足之处则是含混不清，无法说明到底何种行为可以算作“默契串谋”。按照波斯纳的观点，似乎法院只要发现企业采取了动态策略（例如，考虑到竞争对手的反应而削减市场价格，或者当竞争对手降价的时候即发动价格战），就可推断其犯有“默契串谋”之罪。而静态古诺竞争无论导致多高的价格也不在此列。但是，现实世界中企业采取动态策略的原因有很多：当顾客证明竞争对手的报价更低时，它们需要对此做出反应；当它们根据既定需求调整价格时，需求本身在本质上往往是动态的；当竞争对手进行一项长期投资的时候，它们同样需要对此做出反应。法庭对诸如此类行为做出任何裁决似乎都可能困难重重。

我们也可以考虑其他可能的解决思路：或许可用高销售利润率（price-cost margins）而不是高集中度（它并非总是导致高利润）或者“默契串谋”行为作为依据，来实施结构性干预或货币性惩罚措施。这样做的好处是直接关注最终的福利问题。此外，假如采取结构性矫正措施，那么可能需要重点考虑的应该是分拆重组方案如何能够得以顺利实施。

然而，这些想法也不是没有问题的。首先，在许多案件中经济学家并不能够很完美地确定利润水平。利润误判（false positives）的确是危险的，尽管随着我们的实证技术手段的改进（最近进展很迅速），这应该越来越不成为问题。其次，直到现在我们的讨论都忽略了一个重要问题，即事前激励（ex ante incentives）。企业很自然地都会避免触发反垄断干预，不管这个干预是货币性惩罚或者重组。这可能使得企业会放弃一些可能提高其利润的成本压缩或产品改进措施。

这些问题显然都难以轻易解决。就此类问题的最近一次大范围公共争论发生在大约30年以前。20世纪70年代以来，由于对政府在经济中的激进主义干预失去信心，这些问题大多被遗忘了。最近，它们再次开始得到一些重视。①

① 例如，可参见Posner最近在高果糖玉米糖浆案（high fructose corn syrup case）（2002 U. S. App. LEXIS 11940）中的判决意见，以及Carlton、Gertner和Rosenfield（1997）。

第3章

横向兼并

3.1 引言

本章我们转向对横向兼并政策的研究。《谢尔曼法》关于"限制商务中合约、兼并和串谋"的禁止条款，不仅适用于我们第2章所讨论的价格操纵问题，也同样适用于横向兼并问题。此外，《克莱顿法》的第7条对兼并做出了更具体的规定，严格禁止那些可能足以削弱竞争或导致垄断的兼并。

虽然横向兼并和价格操纵都有助于企业提高价格（兼并在此方面比价格操纵更有效），但两者之间仍存在重要区别：兼并可能会更显著地改进效率。这使得在有损竞争的价格效应与有利竞争的效率效应之间如何权衡成为兼并分析的中心问题。

尽管兼并可能导致潜在的效率改进，但在20世纪50年代到70年代期间，美国法庭对横向兼并一直持极端敌视的态度，它们经常会谴责那些并无集中特征的市场结构中所发生的兼并行为。[①] 然而，从1980年开始，由于受更为保守的执法人士和经济学推理方法日益增长的影响，横向兼并政策变得更加宽容。与此同时，经济学者分析横向兼并问题的能力也有了显著提高。本章将对这种进步做出评价，同时也将讨论尚未解决的某些重要问题。

3.2 理论思考

威廉姆森的权衡理论

评价横向兼并的核心问题是在兼并可能导致削弱竞争和改进效率之间如何权衡。这个权衡理论是由威廉姆森（Willianmson，1968）在一篇经济学论文中首次明确阐述的，该文的目的就是强调在评价兼并问题时应重视效率。威廉姆森的权衡理论可由图3—1来说明。

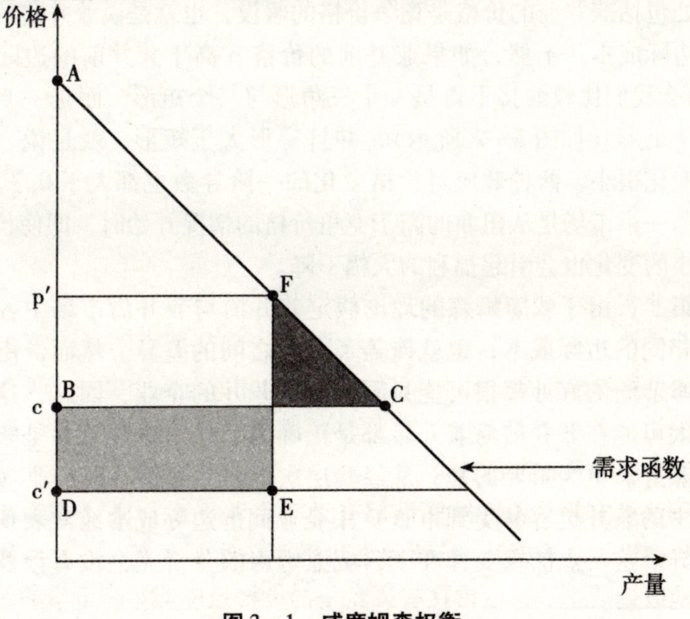

图3—1 威廉姆森权衡

① 事实上，在这一时期，出于对小型（通常是低效率的）企业命运的担忧，法院经常利用与兼并相关的效率作为反对拟进行兼并的证据。

假设该产业开始时是竞争性的，价格为 c。再假设兼并后生产的边际成本下降到 c′，价格上升到 p′。① 区域 ABC 表示兼并前的总剩余，区域 ADEF 表示兼并后的总剩余。比较兼并前后的总剩余，哪一个更大可通过比较阴影三角形和阴影矩形的面积来回答，其中，阴影三角形面积表示兼并导致价格水平超过原来的竞争价格水平所带来的净福利损失，阴影矩形面积表示兼并带来的成本节约。如果没有成本节约，则矩形面积为 0，表示兼并减少了总剩余；如果没有价格上涨，则三角形面积为 0，表示兼并增加了总剩余。威廉姆森的主要观点是，成本无需大降就能使矩形面积大于三角形面积，或者说，人们通常会认为矩形面积就是比三角形面积大。的确，微分学告诉我们，当价格和成本变化很小时，上述结论总是正确的。正式的表述是，二阶导数为 0 时，价格稍微高于竞争性价格会引起福利损失，而一阶导数严格为正时，成本稍微降低就会引起福利增加。

关于威廉姆森的权衡理论，有四点需要说明。第一，该理论的关键之处包括兼并前的价格是竞争价格的假设，也就是说兼并前的价格等于边际成本。不然，如果兼并前的价格 p 高于兼并前的边际成本 c，那么我们比较的将不再是一个三角形与一个矩形，而是一个梯形与一个矩形（如图 3—2 所示），并且梯形大于矩形。就是说，即使价格变化很小，两种效应对价格变化的一阶导数也都大于 0。② 简言之，当一个市场是从扭曲的高于竞争价格的情况开始时，即使价格发生很小的变化也会引起福利的大幅下降。

第二，由于威廉姆森的理论假定兼并前与兼并后市场中各企业具有相同的边际成本，也就掩盖了企业之间的差异。然而，由于任何成本节约的好处都很可能只限于准备兼并的企业，因此，这个假定不太可能在兼并前与兼并后都是正确的，除非这种兼并是整个产业的兼并。更为重要的是，从经验层次上看，寡头垄断产业（这些产业中的兼并更容易受到审查）中企业间的边际成本经常表现出较大差异。这一点的重要性在于，威廉姆森的分析完全没有涉及横向

① 我们此处假定这些成本表示真实的社会成本。兼并使买方垄断力量增加，并由此使边际生产成本下降，但这种成本下降不能被视为社会收益。类似的，如果投入品市场不是完全竞争的，那么由兼并所导致的成本削减，必须通过计算投入要素的真实社会边际成本而不是其扭曲的市场价格来计算。

② 特别的，产量小幅降低带来的福利损失等于销售利润率。

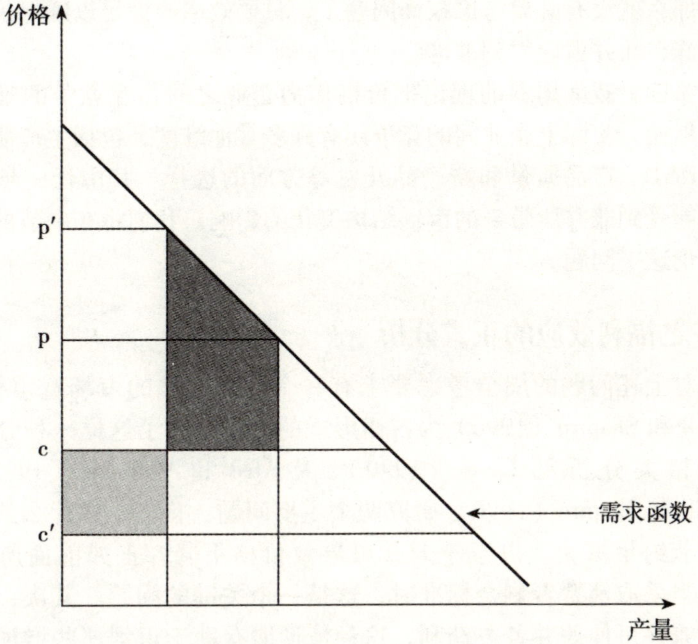

图3—2 兼并前价格高于边际成本时的威廉姆森权衡

兼并成为产生福利差异潜在的重要源泉，即由于产量在不同边际成本企业间的重新分配，也就是所谓"生产重组"所带来的福利变化。我们稍后将详细讨论这个问题。

第三，威廉姆森的理论认为总剩余最大化就是合适的福利标准。但是，正如我们在第1章中所讨论的那样，实施反垄断政策往往会产生分配问题。尽管经济学文献中许多对兼并的分析都使用总剩余标准，但是，现行美国法律以及DOJ和FTC的《横向兼并准则》（将在3.3节进行讨论）却可能最接近于消费者剩余标准。[①,②] 如果这

① 关于这一点，也参见Baker（1999a）中的讨论。

② 即使真正的福利目标是总剩余最大化，让反垄断当局（政府部门和法院）采用消费者剩余标准可能会更好。为什么会有这一结论？Besanko和Spulber（1993）为此问题提供了一个有趣的分析。在他们建立的模型中，兼并企业能观察到因兼并而带来的成本改进，但反垄断当局却观测不到。在此模型中，企业首先决定是否要（以固定成本）提出兼并，如果兼并被提出来了，那么反垄断当局再来决定是否要阻止兼并。在均衡时，有必要采取混合策略，反垄断机构对是否要阻止兼并持无所谓的态度。这意味着如果反垄断机构采用总剩余标准来评估垄断，那么兼并应使扣除固定成本的总剩余最大化。通过令反垄断当局采用消费者剩余标准，已完成的兼并在均衡时反而会提高总剩余。

样，那么就没有必要考虑权衡问题了，只要效率改进足以确保价格不会上涨，兼并就应得到准许。

第四，威廉姆森的理论把价格作为企业之间相互竞争的唯一焦点。然而，实际上企业间的竞争还有许多其他维度，包括生产能力投资、R&D、产品质量和新产品开发等方面的选择。其中任一项选择都可能受到兼并所带来的市场结构变化的影响。我们将在本节的最后再讨论这一问题。

兼并之福利效应的正式分析

对上述问题的周全考虑要求有一个更加完整的市场竞争模型。Farrell 和 Shapiro（1990）为古诺形式的竞争提供了这样一种分析模型（相关分析见 Levin（1990）、McAfee 和 Williams（1992））。Farrell 和 Shapiro（1990）研究两个主要问题：首先，在什么条件下成本节约足够大，以至于兼并可导致价格下降？正如前面所指出的，当采取消费者剩余标准时，这是一个关键的问题。其次，拟进行的兼并可使兼并各方获利，这种情形能有助于识别那些增加总剩余的兼并吗？特别的，评价兼并总福利影响的困难之一涉及评估各种成本效率的大小。欲兼并企业总是有动力高估这些效率以利于获得管制部门的许可（或者安抚股东），而 DOJ 或 FTC 很难核实企业有关成本效率的声明。但是，由于只有这些欲兼并企业知道这些效率收益，因此，可以提出一个充分条件，在此条件下，不需要对兼并企业所声称的效率进行考察就可以判断出某项兼并是否会增进总剩余，这一充分条件即是通过询问在什么情况下该兼并会给欲兼并企业之外的其他相关者带来正的净效应。

首先，考虑第一个问题：在古诺竞争产业中，兼并什么时候能引起价格下降？具体来说，假定在一个由 N 个企业构成的产业中，企业 1 与企业 2 欲进行兼并，不失一般性，假定兼并前的产量满足 $\hat{x}_1 \geq \hat{x}_2 > 0$。沿着 Farrell 和 Shapiro 的分析思路，考虑到非兼并企业 $\hat{X}_{-12}$ 兼并前的总产出，我们假定当且仅当兼并使得欲兼并企业想要提高其共同产出时，均衡的总产出才会增长。这一性质的成立依赖于下面两个

作为充分条件（尽管不是必要条件）的假设：①

（A1）对于所有总产出水平 X，产业的逆需求函数 P（·）满足 $P'(X)+P''(X)X<0$。

（A2）对于所有的产出水平 x_i 和 X，$c''_i(x_i)>P'(X)$，而且对所有 i，有 $x_i\leqslant X$。

令 $\hat{X}$ 表示兼并前市场中的总产量，两个企业兼并前的古诺一阶条件是：

$$P'(\hat{X})\hat{x}_1+P(\hat{X})-c'_1(\hat{x}_1)=0 \quad (3—1)$$

$$P'(\hat{X})\hat{x}_2+P(\hat{X})-c'_2(\hat{x}_2)=0 \quad (3—2)$$

把这两个条件相加，我们就得到下式：

$$P'(\hat{X})(\hat{x}_1+\hat{x}_2)+2P(\hat{X})-c'_1(\hat{x}_1)-c'_2(\hat{x}_2)=0 \quad (3—3)$$

现在假定兼并企业的成本函数是 c_M（·）。假定兼并后的企业利润函数相对其产出是凹性的（在（A1）和（A2）中也暗含了这一假定），兼并后的企业对非兼并企业 $\hat{X}_{-12}$ 的最优反应产量要大于两个企业兼并前的产量之和 $\hat{x}_1+\hat{x}_2$，当且仅当

---

① 从形式上看，（A1）和（A2）有以下含义：

（i）在给定竞争对手联合产出 X_{-i} 时，每个企业 i 的利润最大化问题就是严格凹性的，并因此而有唯一解。此外，令 $b_i(X_{-i})$ 代表企业 i 的最优反应函数，$b_i(\cdot)$ 是非增的，并且对于所有的 X_{-i}，$b_i(X_{-i})\in(-1,0)$，因此，$b_i(X_{-i})>0$。

（ii）均衡总产出是唯一的，为验证这一点，令每一企业 i 的总产出的最优反应函数为 $\lambda_i(X)=\{x_i: x_i=b_i(X-x_i)\}$。对于给定的总产出水平 X，如果企业 i 可以对其竞争对手的总产出做出最优反应，那么由这一函数所得出的企业 i 的产出水平就与 X 是一致的。根据含义（i）可知，这一产出水平就是唯一的、非递增的，当 $\lambda_i(X)>0$ 时，是严格递减的。那么，均衡总产出就是 $\sum_i\lambda_i(X)=X$ 的唯一解。

（iii）对于任何企业集合 I，定义其均衡最优反应函数为 $b_I^e(X_{-I})\equiv\{\sum_{i\in I}x_i: x_i=b_i(X_{I/\{i\}}+X_{-I})$，对所有的 $i\in I\}$。在给定 X_{-I} 条件下，如果集合 I 中所有企业都做出最优反应，这一函数将给出集合 I 中企业所得到的（唯一）总产出，是 $\sum_{i\in I}\lambda_i(X_I+X_{-I})=X_I$ 的解。由此可知，$b_I^e(\cdot)$ 是非递增的，并且只要 $b_I^e(X_{-I})>0$，$b_I^{e'}(X_{-I})\in(-1,0)$，就类似于单个最优反应函数。

（iv）在兼并前，兼并企业和非兼并企业的均衡联合产出是下面方程组的唯一解：

$b_{12}^e(\hat{X}_{-12})=\hat{X}_{-12}$

$b_{-12}^e(\hat{X}_{12})=\hat{X}_{-12}$

兼并后的均衡联合产出（$\bar{X}_{12}$，$\bar{X}_{-12}$）是下面方程组的唯一解：

$b_M(\hat{X}_{-12})=\bar{X}_{12}$

$b_{-12}(\bar{X}_{12})=\hat{X}_{-12}$

其中，$b_M(\cdot)$ 是兼并企业的最优反应函数。给定上面（iii）中所示的这些最优反应函数的特征，当且仅当 $b_M(\hat{X}_{-12})>b_{12}^e(\hat{X}_{-12})$ 时，兼并后总产出才会上升。

$$P'(\hat{X})(\hat{x}_1+\hat{x}_2)+P(\hat{X})-c'_M(\hat{x}_1+\hat{x}_2)>0 \quad (3—4)$$

或者等价地（借助于（3—3）式），如果下面条件得到满足：

$$c'_2(\hat{x}_2)-c'_M(\hat{x}_1+\hat{x}_2)>P(\hat{X})-c'_1(\hat{x}_1) \quad (3—5)$$

因为$c'_1(\hat{x}_1)\leqslant c'_2(\hat{x}_2)<P(\hat{X})$（这是由兼并前的一阶条件（3—1）和（3—2）以及$\hat{x}_1\geqslant\hat{x}_2>0$得出的），只有当

$$c'_M(\hat{x}_1+\hat{x}_2)<c'_1(\hat{x}_1) \quad (3—6)$$

得到满足时，上述情况才有可能发生。

条件（3—6）式是一个很严格的条件。该条件说明，若使价格下降，兼并后的企业在兼并前两企业的联合产量水平上的边际成本必须低于更有效率的兼并一方的边际成本。为更好地理解这个条件，假定兼并后的企业拥有与更有效率的兼并一方相同的边际成本（在兼并前的产量水平上），现在来考虑每个企业在边际上提高产量的动机。对两家企业来说，产量的边际增长伴随着相同的成本增量，而且按相同价格销售。然而，对兼并后的企业与兼并前更有效率的企业进行比较，由于兼并后的企业销售量更多，伴随而来的市场价格下降幅度对兼并后的企业来说更大。由于更有效率的兼并一方不认为兼并前进一步提高产出是值得的，则兼并后的企业也会有同样的考虑。因此，只有比更有效率的兼并一方具有更低的边际成本时，兼并后的企业才会将产量提高到兼并前的产量水平以上。

从条件（3—6）式可知，某些类型的兼并永远不能降低价格。第一，不足为奇的是，一个减少固定成本而不减少边际成本的兼并并不能降低价格。例如，假设兼并之前参与兼并的每个企业都有成本函数$c(x)=F+cx$，而兼并后的企业成本函数是$c_M(x)=F_M+cx$，其中，$F_M<2F$。根据（3—6）式，这个兼并不能降低价格。

然而，更有趣的是，一个“没有协同优势（no synergies）”的兼并也不会导致更低的价格，“没有协同优势”，是指兼并的唯一效率改进来自于企业间产量的再分配，因此有：

$$c_M(x)=\min_{x'_1,x'_2}[c_1(x'_1)+c_2(x'_2)]\text{ 的约束条件为 }x'_1+x'_2=x \quad (3—7)$$

为说明原因，考虑欲兼并企业具有递增的边际成本这一简单情况。兼并后，如果两个兼并企业的工厂仍继续运营，有效率的生产安排要求两个企业的边际成本相等。这必然导致兼并后的企业边际成本

位于两个兼并企业的边际成本之间。因此，在此情况下，条件（3—6）式无法得到满足。从另一方面来说，如果其中一个兼并企业的工厂在兼并后为节约固定成本而关闭，那么另一个企业的工厂产量将高于兼并前的水平。由于边际成本是递增的，（3—6）式仍不成立。更一般的，Farrell 和 Shapiro 的研究表明，只要（A1）和（A2）成立，没有协同效应的兼并一定会提高价格。①

现在让我们转向第二个问题，假定兼并确实提高了价格，在什么情况下，兼并仍能增加总剩余？为理解这一点，假定企业在第一阶段（Set I）试图实施兼并。用 x_i 表示企业 i 的产量，令 $X_I = \sum_{i\in I} x_i$。现在考虑兼并企业产量 X_I 小幅下降的影响，如 $dX_I < 0$（根据我们前面所作的假设，如果价格将上升，并且总产量因此而下降，那么兼并企业的总产量必然下降），及相应的总产量下降的影响，如 $dX < 0$。令 dx_i 和 dp 分别表示企业 i（$i \notin I$）的产出和价格的相应变化。

Farrell 和 Shapiro 分析中的关键步骤是他们假设拟进行的兼并对兼并企业是有利可图的。② 如果确实如此，那么我们就可以基于兼并对非参与者，即消费者和非参与兼并企业，所带来的外部效应，得出兼并可提高总剩余的一个充分条件。具体而言，非参与企业的福利由下式给出：

$$E = \int_{P(X)}^{\infty} x(s)ds + \sum_{i\notin I}[P(X)x_i - c_i(x_i)] \tag{3—8}$$

如果一个让兼并各方获利的兼并使非参与者福利（E）增加，那

---

① 这一结论的证明如下：给定企业 1 和企业 2 的竞争对手兼并前的总产出 $\hat{X}_{-12}$，令（$\bar{x}_1$，$\bar{x}_2$）代表兼并后企业的最优反应。也令 b_i（·）代表企业 i（i = 1，2）兼并前的最优反应函数。首先注意，兼并后必须要有 $\bar{x}_1 \leqslant b_1(\bar{x}_2 + \hat{X}_{-12})$ 和 $\bar{x}_2 \leqslant b_2(\bar{x}_2 + \hat{X}_{-12})$。正式而言，这可以通过使用简单的显示偏好原理来证明：直觉上，由于兼并内部化了兼并前工厂产出之间的外部性，因此导致兼并后的企业将两个工厂的产出减少到非兼并的最优反应水平之下。现在假定，与我们所作的假设相反，即 $\bar{x}_1 + \bar{x}_2 > \hat{x}_1 + \hat{x}_2$。显然，对于每个企业而言，$\bar{x}_i > \hat{x}_i$，i = 1 或 2；不失一般性，假设 $\bar{x}_2 > \hat{x}_2$。那么

$\bar{x}_1 \leqslant b_1(\bar{x}_2 + \hat{X}_{-12}) < b_1(\hat{x}_2 + \hat{X}_{-12}) = \hat{x}_1$

但是，$\bar{x}_1 < \hat{x}_1$ 意味着：

$\bar{x}_1 + \bar{x}_2 \leqslant \bar{x}_1 + b_2(\bar{x}_1 + \hat{X}_{-12}) < \hat{x}_1 + b_2(\hat{x}_1 + \hat{X}_{-12}) = \hat{x}_1 + \hat{x}_2$

这会与上面的假设相矛盾。

Spector（2003）证明，如果增加兼并是有利可图的（就如同下面在考虑对总剩余的影响时所作的假设），那么，在不涉及协同效应的兼并完成之后，价格也不会下降，即使兼并之后有新企业进入市场。

② 在古诺模型中，由于竞争对手的产出扩张，兼并不一定导致兼并企业的利润增加（Salant、Switzer 和 Reynold（1983），也见 Perry 和 Porter（1985））。

么，它就会增加总剩余。

为检验兼并对 E 的影响，Farrell 和 Shapiro 研究了使价格“微小”增长的兼并所带来的外部效应。也就是说，他们检验了兼并企业小幅减少产量（即 $dX_I<0$）以及随之而来的竞争对手产量的小幅变化（即 dx_i，$i\notin I$）对 E 的影响。在给定兼并企业产量下降，即 $dX_I<0$ 的情况下，随着非兼并企业调整其最优产出水平（$dX_I<0$），dx_i 也会发生变化。在 Farrell 和 Shapiro 的假设下，这些变化减少市场总产量，即 $dX=dX_I+\sum_{i\notin I}dx_i<0$。对（3—8）式进行全微分，可见产量变化对 E 的影响，如（3—9）式所示：

$$dE=-\hat{X}P'(\hat{X})\,dX+\sum_{i\notin I}\hat{x}_iP'(\hat{X})\,dX+\sum_{i\notin I}[P(\hat{X})-c'_i(\hat{x}_i)]\,dx_i \tag{3—9}$$

（3—9）式中的前两项分别表示由于价格上升所带来的消费者福利损失和非兼并企业的福利收益。前者与消费者的总购买量 $\hat{X}$ 成比例，而后者与非兼并企业的总销售额 $\sum_{i\notin I}\hat{x}_i$ 成比例。（3—9）式中的第三项是非兼并企业由于生产重组所导致的利润变化。将（3—9）式的前两项合并，运用非兼并企业的一阶条件来代替第三项中的价格—成本差额可得：

$$dE=-\hat{X}_IP'(\hat{X})\,dX+\sum_{i\notin I}[-P'(\hat{X})\hat{x}_i]\,dx_i \tag{3—10}$$

$$=-P'(\hat{X})\,dX\left[\hat{X}_I+\sum_{i\notin I}\hat{x}_i\left(\frac{dx_i}{dX}\right)\right] \tag{3—11}$$

$$=-P'(\hat{X})\hat{X}dX\left[s_I+\sum_{i\notin I}s_i\left(\frac{dx_i}{dX}\right)\right] \tag{3—12}$$

其中，s_i 为企业 i 兼并前的市场份额（s_I 是集合 I 中企业的整体市场份额），$\frac{dx_i}{dX}$是当产业产量微小变动时，非兼并企业 i 的产量（微小）变化。① 因此，当且仅当

① $\frac{dx_i}{dX}$等于 $\lambda'_i(\hat{X})$，即企业 i 的总产出最优反应函数的导数。我们通过对$P'(X)x_i+P(X)-c'_i(x_i)=0$ 进行隐函数微分可得到$\frac{dx_i}{dX}$。注意$\frac{dx_i}{dX}=\left(\frac{dx_i}{dX_{-i}}\right)\Big/\left(1+\frac{dx_i}{dX_{-i}}\right)$，其中 $dX_{-i}\equiv\sum_{j\neq i}dx_j$，$\frac{dx_i}{dX_{-i}}$是企业 i 的最优反应函数 $b_i'(X_{-i})$ 的斜率。

$$s_I \leqslant -\sum_{i \notin I} s_i \left(\frac{dx_i}{dX}\right) \tag{3—13}$$

时，dE≥0。Farrell 和 Shapiro 建立了一些条件，在这些条件下，判别出兼并前的微小效应的符号就足以判断出总效应的符号。①（3—13）式的一个非常重要的方面在于：它表明不必量度兼并所产生的效率，就可以说明兼并是一个福利增进的过程，因为外部效应的符号就是兼并前市场份额和非兼并企业对兼并企业产量下降的反应的函数。

举例说明如下。考虑（弱）凹性的逆需求函数［P″（·）≤0］和非兼并企业规模报酬不变的情况。对于所有 i，都有 $\frac{dx_i}{dX} = -\left[1 + \frac{P''(X)\,x_i}{P'(X)}\right] \leqslant -1$，并且当 $s_I \leqslant \sum_{i \notin I} s_i \left(1 + \frac{P''(X)\,x_i}{P'(X)}\right) = (1 - s_I) + \frac{P''(X)\,X}{P'(X)} \sum_{i \notin I} (s_i)^2$

或

$$s_I \leqslant \frac{1}{2}\left\{1 + \frac{P''(X)\,X}{P'(X)} \sum_{i \notin I} (S_i)^2\right\} \tag{3—14}$$

时，外部效应 dE 是非负的。由于 P″（·）<0，只要兼并企业的份额小于1/2，这个条件就永远成立。②

再举一例，考虑线性逆需求函数 P（X）＝a－X 的情况，在此情况下，拥有 K 单位资本的企业成本函数是 $c(x, k) = \frac{1}{2}\left(\frac{x^2}{k}\right)$（拥有 k_1 和 k_2 单位资本的两个企业兼并后，新企业的单位资本是 $k_1 + k_2$）。Farrell 和 Shapiro 证明当

$$s_I \leqslant \left(\frac{1}{\varepsilon}\right) \sum_{i \notin I} (s_i)^2 \tag{3—15}$$

即此例中如果兼并企业的份额低于非兼并企业的经过弹性调整的赫芬达尔—赫希曼指数时，外部效应就是非负的。

值得注意的是，在这两个例子中，当兼并企业很小而非兼并企业

---

① 特别的，当［P″（·），p‴（·），c''_i（·），$-c'''_i$（·）］≥0 时，上述情况是成立的。

② 如果逆需求函数是线性的，则当 $s_I > \frac{1}{2}$ 时，dE 也是负的。

很大时，外部效应更可能是正的。之所以如此，是由于存在如下两种效应：第一，当兼并企业的产量较低时，源于假设价格上涨而导致总体上消费者与非兼并企业的福利损失较小（就一阶条件而言，消费者和非兼并企业的福利损失与兼并企业的产出 X_I 是成比例的）。第二，兼并后，非兼并企业的产量增加。这是因为在古诺模型中，在均衡时较大的企业拥有较低的边际成本（这由（3—1）和（3—2）式得到），当非兼并企业规模很大时，生产重组对非兼并企业利润形成更为正面的影响。同样值得注意的是，当非兼并企业的份额更加集中时，外部效应更可能是正的。①

条件（3—14）和（3—15）式是比较简单的条件，只需要兼并前的产量数据，而这些数据很容易获得，条件（3—15）式还需要市场需求弹性。② 然而，这些检验的精确形式是非常特殊的，依赖于潜在需求与成本函数的大量事前信息。对更一般性的需求与成本函数形式，条件（3—13）式还要求知道非兼并企业最优反应函数的斜率（以求得$\frac{dx_i}{dX}$）。相对于兼并前的产量和市场需求弹性信息，这些斜率显然是更难了解的。

关于 Farrell 和 Shapiro 的模型还有如下进一步的评论。第一，使用外部效应得出兼并有利于增加福利的充分条件，严格依赖于拟进行的兼并对兼并企业是有利可图的这一假设。当代理问题导致经理人在企业内部“建立绝对支配权”而致使企业价值受损时，这种假设就不够恰当了。③

第二，Farrell 和 Shapiro 的模型也依赖于兼并企业的全部私人收益代表社会收益这一假设。例如，如果这些收益中的一部分来源于税收节约或者代表来自企业其他利益相关者的收入转移，那么这一假设

① 值得注意的是，当兼并会降低价格时，在条件（3—13）式的相反情况成立时，dE 值为正。在那种情况下，当兼并企业规模较大而非兼并企业规模较小（并因此不是非常有效率）时，兼并更可能具有正的外部性。事实上，Levin（1990）证明（在规模报酬不变的条件下），如果效率最高的非兼并企业也不如兼并企业的效率高，并且兼并后价格下降，那么兼并必然会增加总剩余。

② 虽然表面看来，它们有些类似于 DOJ 和 FTC 的《横向兼并准则》（见第 3 部分）中的集中度测试，但在一些方面存在显著的不同，例如，非兼并企业集中度的上升可以使兼并从社会的角度看更合意。

③ 关于这点，根据事件研究的证据，平均而言，兼并提高了兼并企业的联合价格，尽管不同兼并的结果具有较大差距（Andrade、Mitchell 和 Stafford（2001），Jensen 和 Ruback（1983））。人们可能会接受下面的观点：在任何情况下，反垄断政策都不应该因准备兼并企业内部存在着未解决的代理问题而阻止兼并。

可能也是不恰当的（见 Werden（1990），Shleifer 和 Summers（1988））。

第三，Farrell 和 Shapiro 利用了兼并仅在有限程度上才是有利可图的假设。Farrell 和 Shapiro 认为，通过询问什么时候外部效应为正，就可以在完全不必考虑效率问题时说明兼并有助于增加总剩余的充分条件。更一般的，当反垄断权威机构无法直接验证兼并企业所声明的效率是否真实时，就可以借助兼并是有利可图的这个假设去校正兼并可能改进效率的信念。假设相信兼并是增进效率的，反垄断机构就可以考察兼并是否会导致预期总剩余的增加。

第四，Farrell 和 Shapiro 的分析是基于以下强有力的假设，即在兼并前与兼并后，市场竞争都是用古诺模型来描述的。还可能存在许多其他形式的价格/产量竞争，正如讨论威廉姆森权衡理论时所提及的，竞争可能在除价格/数量竞争之外的其他方面展开。我还没有发现将 Farrell 和 Shapiro 的方法扩展到其他市场竞争形式的文献。正式研究其他竞争形式下横向兼并对价格与福利影响的论文（例如，Deneckere 和 Davidson（1985）及一些将在这一节的下一部分提到的论文）都假设兼并不会带来效率改进。①

第五，有证据表明 Farrell 和 Shapiro 的理论模型所关注的生产重组对效率影响在实践中可能是很重要的。例如，Olley 和 Pakes（1996）研究了电信设备产业的生产率，这一研究是在 1978 年的一项规制决策和 1984 年 AT&T 公司拆分两项举措之后进行的，这两项举措的实施使其他企业容易进入原本为西部电力公司垄断的市场。这一研究证明该产业不同工厂的生产率有很大差异。从 Farrell 和 Shapiro 模型的研究视角看，更为显著的是，Olley 和 Pakes 揭示在该产业中，一旦市场不再是垄断的，产业内不同工厂之间的产量分配会导致显著的无效率。②

---

① Gowrisankaran（1999）是一个例外，在其内生兼并的计算模型中，考虑了兼并所带来的“协同效应”（用固定成本的下降来表示）。

② 特别的，从这种意义上看，当产业结构从垄断性的变为竞争性的时候，效率有所降低。但是，由于资本被重新分配到更有效率的企业中去，因此，产业整体的生产率会随着时间的推移而提高。

动态世界中的兼并

Farrell 和 Shapiro 模型的一个值得关注的方面是其静态性质。当在更为动态的环境中考虑兼并问题时会产生一些有趣而重要的问题，而对其中许多问题的关注是非常有限的。

重复的相互作用

在 Farrell 和 Shapiro 的简单静态古诺定价模型中，（在（A1）和（A2）的假设下）当兼并不会导致效率的改进时，兼并必然会提高价格。但当企业间存在重复的相互作用和默契串谋时，上述结论就不一定成立了。（在反垄断术语中，兼并对静态定价激励的影响被称为"单边效应"，与之对比，兼并对默契串谋的影响被称为"协调效应"）。在这种情况下，像 Davidson 和 Deneckere（1984）所阐述的，兼并可能是一把双刃剑：兼并降低了兼并企业对默契协议进行欺骗的直接激励，但是，当串谋失败时，兼并可能提高企业的利润，并因此间接强化了欺骗的动机，对于非兼并企业而言尤为如此。例如，Compte、Jenny 和 Rey（2002）在一个假设存在生产能力限制且企业之间地位不对称的重复博弈的 Bertrand 模型中，说明了横向兼并对价格的影响。在这种模型中，生产能力限制既影响企业削减均衡价格的激励（更强的生产能力有利于销售量更大幅度的增长），又影响对那些削价背信者的惩罚能力。兼并通常会使兼并企业的生产能力整合起来，但不一定会导致更高的价格。Compte、Jenny 和 Rey 细致考察了哪些兼并会导致更高的价格，哪些兼并会导致更低的价格。通过关注一种特定的均衡状态（在此均衡状态中，企业经过价格战后获得了相同的市场份额，类似于串谋的结果），Compte、Jenny 和 Rey 的研究揭示，当小企业具有足够强的生产能力，无论兼并与否都可能具有较强的惩罚能力时，那种扩大最大企业规模的兼并就会有助于增强维持垄断价格的能力。相反，当小企业生产能力较为有限时，这种兼并就会降低维持垄断价格的能力。

耐用品

Farrell 和 Shapiro 的分析主要关注非耐用品。但是，许多兼并发生在耐用品产业。当兼并企业处于耐用品产业时，将会引发两个问题。一方面，当消费者预期耐用品的未来价格会下降时，他有能力推迟其消费，消费者的这种能力影响企业运用市场势力的能力。就像科斯（1972）所强调的，这种情况会削弱——有时甚至完全削弱耐用品垄断者获得利润的能力。另一方面，消费者推迟消费的能力会减少背信企业所享有的销售量，这使得那些生产耐用品的寡头垄断企业更容易进行默契串谋。这种情况之所以出现，是因为当消费者预期将发生价格战时，就会推迟消费。的确，Gul（1987）、Ausubel 和 Deneckere（1987）证明，在某些情况下，生产耐用品的寡头垄断企业可能维持比生产耐用品的完全垄断企业更高的价格。

耐用品生产所导致的第二个问题涉及那些确实提高市场势力的横向兼并的福利成本。Carlton 和 Gertner（1989）指出旧产品可能制约垄断者的定价，不然垄断者的市场势力不受科斯所列举的一些因素的制约。的确，当新产品只是数量下降而质量并未下降（因此，旧产品可能会被联合起来消费而使消费者获得与新产品等同的消费价值），并且市场最初处于稳定的竞争性状态时，在旧产品的当前存货没有减少之前，即使一个新形成的垄断者也不能将价格提高到竞争价格水平之上。[①]

进入

在 Farrell 和 Shapiro 的研究中，企业集合是固定的。然而，在大多数市场环境下，兼并企业必须考虑兼并之后新企业进入的可能性。这既能影响所提议兼并的集合（所提议的兼并多种多样，构成一个集合），又能影响兼并的福利后果。

兼并后市场进入的可能性减少了可获利兼并的数量，也影响了可获利兼并的平均盈利水平。例如，Werden 和 Froeb（1998）在其对兼并与进入的探索性研究中观察到，在不存在效率改进的情况下，导致市场进入的兼并几乎不可能获利。因此，当可能存在市场进入的时候，可获利兼并的集合很可能更多地是由那些降低成本的兼并所构

① 相反，Gerstle 和 Waldman（2004）证明，当旧商品的质量比新商品差，并且消费者对高质量商品的支付意愿又不相同时，新形成的垄断者就可能立即提价，福利损失就要高于 Carlton 和 Gertner 研究所得出的结果。

成的。

现在来考虑进入可能性如何影响兼并的福利评价。如果我们对消费者剩余标准感兴趣，新企业进入的可能性会提高兼并降低价格的概率。但是，如果我们对总剩余标准感兴趣，进入可能性的存在就不一定使所涉及的兼并更具吸引力。为理解其原因，考虑一个具有沉没成本的标准两阶段进入模型（正如在 Mankiw 和 Whinston（1986），还有 Mas - Colell、Whinston 和 Green（1995）第 12 章中所分析的）。为简化分析，也假设竞争采取古诺形式，企业拥有相同的规模报酬不变的技术，并且兼并不会导致效率改进。在这种背景下，两个企业兼并的短期结果就是价格上升；而长期结果恰是一个其他企业进入，且价格回到兼并前的水平。然而，在这种情况下，我们可知进入激励通常是过度的（见 Mankiw 和 Whinston（1986））：在自由进入均衡中，太多的企业进入该产业。这就意味着在存在进入可能性的情况下，兼并对总剩余的影响要比不存在进入可能性的情况更差。

我们将在 3.3 节中看到，便利的市场进入条件会使 DOJ 和 FTC 更易于认同一项兼并。如果目标是使总剩余最大化，在给定以上观察结果的情况下，这种假设还有意义吗？一个可能的原因与 Farrell 和 Shapiro 的结论所依赖的假设有关，这一假设是拟进行的兼并对兼并参与者都是有利的。特别是，平均而言，如果市场进入更容易，使可获利的兼并带来更高的效率，那么，在进入较为容易的市场中所提出的兼并可能反而会增加总剩余（同时也会增加消费者剩余）。

内生性兼并

有大量文献试图把那些在不存在任何反垄断约束的市场中可能发生的兼并内生化（例如，见 Mackay（1984），Kamien 和 Zang（1990），Bloch（1996），Yi（1997），Gowisankaran 和 Holmes（2004））。在这类文献中一个重要的发现是，不受规制的兼并过程可能会由于无法实现完全垄断而停止。原因就是“抵抗”问题：如果潜在的被兼并企业预计实施兼并的企业还会收购其他企业，市场价格也会因此提高，那么潜在被兼并企业就会坚持向实施兼并的企业索要高价，以使实施兼并的企业无利可图。的确如此，在某些情况下，被兼并企业的这种“抵抗”行为可能意味着兼并根本不可能发生。①

内生性兼并领域的文献对Farrell和Shapiro关于横向兼并的福利效应的分析具有潜在的重要含义。例如，值得关注的是，当Farrell和Shapiro假设一项拟进行的兼并对兼并成员都有利可图时，它们要做到这一点，依赖的前提是这一兼并是唯一可能发生的兼并。在动态条件下，还会有其他兼并跟随当前拟进行的兼并发生（或者说，如果当前拟进行的兼并没有完成，其他兼并可能发生），一项兼并“有利可图”意味着兼并必须要增加两个企业的价值总量。这与在没有其他兼并发生时某一兼并是有利可图的表述不同。此外，动态条件下，兼并的外部效应可能明显地不同于Farrell和Shapiro关于E的变化的计算。例如，它可能会包括目前没有被兼并的企业未来被兼并时，所获得赔偿的变化。

这一领域的文献也表明DOJ和FTC改变阻止兼并的规则可能会产生细微的影响，这种规则的改变可能不仅通过对某些兼并处理的改变而产生直接影响，而且可能改变实际提出的被允许的兼并集合。

其他竞争性变量

如果关注动态情况，还应去考虑企业之间竞争的其他的、更为长期的方面，如，生产能力的投资、R&D以及新产品开发等。原则上，与价格/产量变化所带来的福利效应比较，兼并可能同样或更多地是通过这些方面的变化对福利产生影响。借助于计算机算法技术，对这些问题的研究已取得了一些进展。例如，Berry和Pakes（1993）探讨了存在生产能力投资的动态寡头垄断模型的模拟问题，在该研究中，兼并通过改变投资对长期盈利性与福利产生的影响的确超过静态时通过价格或产量竞争所产生的影响。Gowrisankaran（1999）沿此思路展开了进一步研究，同时也试图把兼并过程本身内生化。

多市场关联

最后，在存在默契串谋可能性的动态情况下，兼并不仅可以通过

① 这一点也与第4章所讨论的具有外部性的契约的文献有关（例如，Segal（1999））。

改变市场内的集中度来影响市场定价，而且可以通过改变多产品企业在多市场中彼此竞争的范围来实现。例如，Bernheim 和 Whinston（1990）通过理论分析表明，在某些情况下，通过共同承担限制默契串谋的激励性约束，多市场关联可以提高企业维持高价的能力。Phillips 和 Mason（1992），Evans 和 Kessides（1994）提供了一些多市场关联效应的证据。后续的研究提供了如下方面的证据：20 世纪 80 年代美国航空业的一系列横向兼并所引起的价格上升在很大程度上可归因于多市场关联效应的存在。

3.3 DOJ / FTC 兼并准则

DOJ 和 FTC 定期发布《准则》，用于勾画和描述其评估横向兼并所采用的方法。最新的《横向兼并准则》是 1992 年由上述两个部门联合提出的，1997 年对有关效率的部分进行了修正。[①] 与目前《准则》类似的《准则》成形于 20 世纪 80 年代早期，对前期《准则》的调整表现为，20 世纪 80 年代的《准则》极大地增加了横向兼并审查中经济分析的比例和复杂程度。

实践中，DOJ 和 FTC 在兼并审查中所采用的方法对实际完成的兼并结果产生了巨大的影响。反垄断案件是成本极高的事情。相应的，一旦 DOJ 或 FTC 宣布它们将试图阻止某项兼并，极少的企业会决定承受在法庭上打官司所需的费用。

在《准则》中所描述的兼并分析由 4 个基本步骤组成：

（1）市场界定；

（2）市场集中度及其变化的计算；

（3）对其他市场因素的评估；

（4）有利于竞争的辩护。

市场界定

为简化分析，假设两个兼并企业生产 W 这种标准化产品。DOJ 和 FTC 首先将会提出以下问题：

---

① 从 http：//www. usdoj. gov/atr/public/guidelines/horiz - book/hmg1. html 和 http：//www. ftc. gov/bc/docs/horizmer. htm 两个网址可以找到《横向兼并准则》。

给定其他产品兼并之前的价格，一个假设追求利润最大化的生产W产品的垄断企业是否会使W产品的价格至少出现显著、持续的微量上升？

实践中，“价格的显著、持续微量上升”（SSNIP测试）通常是指上升兼并前价格的5%。如果对这一问题的回答是肯定的，那么W产品市场就属于相关市场。如果回答是否定的，那么反垄断机构就会考虑增加另一个最为近似的替代品（即由于W价格上升5%而导致销量增加最多的产品），并且会针对这一新的更大的潜在市场再次提出上述问题。在得到肯定答案之前，这个过程会一直持续下去。SSNIP测试的目的在于确定兼并可能产生潜在反竞争效应的产品“相关市场”。

在上述例子中，两个企业都生产同质的标准化产品。有时它们生产的产品不能完全替代，如W与G（或是产品在不完全重叠的地理区域上销售）。DOJ和FTC也会从分别针对每种产品询问相同的问题开始。如果这形成了两种产品都处于同一市场的市场界定，那么这种兼并就属于“横向兼并”。

到目前为止，我们始终假定每个兼并企业都只生产单一产品。然而，在许多情况下，企业生产多种产品。DOJ和FTC会对它们生产的每种产品采用同样的过程进行考察。

《准则》中所描述的市场界定程序用一些看似随意的选择去解决潜在的含糊问题（在某些情况下，这些含糊的问题还是悬而未决的）。例如，考虑价格上涨5%的测试问题。如果一个石油管道运输企业在一端购买石油，经过运输销往另一端，那么价格是指最后在销售端索要的石油总价格，还是所提供的运输的净价格？注意，如果石油的供给是竞争性的，那么无论是管道运输企业购买石油并把它卖给消费者，还是管道运输企业向石油公司索要运费，石油公司将包括运费在内的石油卖给消费者，都不会对基本的经济状况产生影响。但是，被选择的价格却对《准则》的市场界定程序至关重要。《准则》明确论述了这个例子，并且选择了净运输价格。相反，在讨论零售业的兼并时，《准则》选择了考察零售价格的上升，而不是零售服务（隐含的）净价格的上升。另一个例子是，在SSNIP测试中，假定的垄断企业是使所有产品的价格至少提高5%，还是使至少一种产品的价格提高5%。在这一点上，《准则》要求兼并方产品中至少要有一种产品的价格上升5%。在某种意义上，难以找到解决这些（及其他的）含糊问题的“正确”方法，因为《准则》的程序，尽管是符合直觉的，但并不是直接基于任何明确的竞争与福利效应模型的。

市场集中度及其变化的计算

一旦DOJ和FTC界定了相关市场，下一步就是计算兼并前后的市场集中度水平。在进行集中度计算时，DOJ和FTC将把所有正在进行生产的企业和所有可能的潜在进入者都纳入进来，换言之，当价格上升5%时，所有不具有显著的沉没成本、很容易为市场提供供给的企业都将被纳入进来。这样，通常基于销售额，就可以计算出兼并前每个企业的市场份额，尽管有时基于生产能力（或者，更具一般性，基于资产所有权），或者（当潜在进入者的反应非常重要时）基于假设5%的价格上涨所引致的销售份额。利用这些兼并前的市场份额，比如（s_1，…，s_N），DOJ和FTC就可以计算出下列集中度指标：

兼并前的赫芬达尔—赫希曼指数：$HHI_{pre} = \sum_i (s_i)^2$

兼并后的赫芬达尔—赫希曼指数：$HHI_{post} = \sum_i (s_i)^2 - (s_1)^2 - (s_2)^2 + (s_1 + s_2)^2 = \sum_i (s_i)^2 + 2s_1s_2$

赫芬达尔—赫希曼指数的变化：

$\Delta HHI = HHI_{post} - HHI_{pre} = 2s_1s_2$

根据上述指标的数值，可以把兼并归为以下某个类别：

$HHI_{post} < 1\,000$：除在例外情况下，这些兼并不会影响市场的正常竞争。

$1\,000 < HHI_{post} < 1\,800$：如果赫芬达尔—赫希曼指数的变化小于100，那么这类兼并不太可能受到挑战；但如果赫芬达尔—赫希曼指数的变化超过了100，依赖于对其他市场因素的考虑，这些兼并会“潜在而显著地影响市场竞争”。

$HHI_{post} > 1\,800$：如果赫芬达尔—赫希曼指数的变化小于50，这类兼并不太可能受到挑战；如果指数的变化介于50和100之间，依赖于对其他市场因素的考虑，那么兼并会“潜在而显著地影响市场竞争”；如果指数的变化超过了100，就可以认为这一兼并很可能是削弱竞争的，除非有证据表明不是如此。

回顾对称的寡头垄断模型，赫芬达尔—赫希曼指数等于10 000除以市场中的企业数目，指数为1 000时，对应的是10个相同规模的企业；指数为1 800时，对应的是5.6个相同规模的企业。市场份额约为7%的两个企业的兼并将会导致赫芬达尔—赫希曼指数变化100；市场份额约为5%的两个企业的兼并将会导致赫芬达尔—赫希曼指数变化50。

实际所实施的操作比这些参照数字要宽松些，部分原因在于，DOJ和FTC还会考虑其他市场因素以及兼并促进竞争的正当理由。下面我们将讨论这些问题。

对其他市场因素的评估

计算兼并前的集中度和由于兼并而导致集中度的变化只是DOJ和FTC反垄断调查的起点。计算完这些集中度数据后，DOJ和FTC还会考虑一系列其他因素，这些因素会影响兼并的竞争效果。这些因素包括：

影响（默契的或公开的）持续串谋难易度的结构性因素

这些因素包括产品的同质性、市场的嘈杂程度以及在第2章中讨论到的一些其他因素等。一般而言，DOJ和FTC更关注那些默契或公开的串谋更易于维持的市场中的兼并。但也许有人会提出疑问，是否更容易进行串谋的市场中的兼并有必要受到更大的关注？毕竟，在那些对企业来说已经比较容易维持联合垄断成果的市场中，所发生的兼并对竞争的损害是相对较小的。换言之，问题在于兼并是否会提高价格。使串谋变得更容易的市场条件不一定会使兼并的价格效应更大(回忆一下2.2部分的讨论)。

市场绩效证据

尽管在《准则》中没有明确地提到，但DOJ和FTC通常会考虑一些经验证据，这些证据能够表明某市场中的集中度水平会如何影响竞争结果。我们将在 3.4 节中更深入地讨论这种类型的证据。

市场中的替代模式

DOJ 和 FTC 将会考察兼并企业产品间的相互替代性是否要强于对市场中其他企业产品的替代性。这样做可以避免丢失关于替代模式的重要信息，在简单计算集中度数据时，这种信息是很容易丢失的。

市场内外产品间的替代模式

DOJ 和 FTC 会考察市场内和市场外的产品之间是否存在较大程度的差异。在某种意义上，这是对前面的相关市场的决定因素的一种弱化，即这是针对某些产品所做出的“市场内或市场外”的决策，而不是基于“是或否”命题的决策。

市场中部分企业的生产能力限制

简单地计算市场集中度可能会丢失兼并企业的竞争对手所提供的有关竞争约束的重要信息，对市场中部分企业生产能力限制的考察就旨在避免这一问题。如果某个竞争对手受到生产能力限制，就可以预料到该竞争对手缺乏对兼并后市场价格上涨的影响力。并且，正如在 3.2 部分所讨论的，生产能力限制能够影响兼并促进默契或公开串谋定价的程度。

市场进入的容易性

在此方面，DOJ 和 FTC 将考虑影响进入容易性的条件在多大程度上可以排除兼并所引起的反竞争效应。它们提出的问题是，作为对价格上涨 5% 的反应，是否会在两年之内出现市场进入，使价格返回到兼并前的水平？正如我们在 3.2 节中所讨论的，这种考虑在采用消费者剩余福利标准时是有意义的，但问题在于，如果代之以总剩余最大化标准，进入的容易性会如何影响兼并就会成为需继续研究的问题。

有利于竞争的辩护

在有利于竞争的辩护中，主要考虑的问题是效率。DOJ 和 FTC 通常对企业所宣称的兼并效率采取相当高的审查标准，原因在于企业宣称兼并会产生效率是相对比较容易的事情，但对于反垄断的实施者来说，评估所宣称的效率得以实现的可能性却是比较困难的事情。正如我们在第 1 章所讨论的，效率如何被纳入兼并的分析框架依赖于反垄断机构所采取的福利标准。1997 年对 DOJ 和 FTC 横向兼并准则的修订，尽管仍存在含糊之处，但倾向于如下立场：一项兼并若要得以通过，需要有足够高的效率改进来避免消费者剩余减少。① 按照这样的消费者剩余标准，固定成本的下降无助于兼并获得反垄断机构的同意，边际成本的降低才是至关重要的。相反，直到近期的法庭判决，加拿大的竞争法采取了总剩余标准，反垄断机构会考察效率改进的收益是否会超过由于更高价格而导致减少的消费者剩余。

无论采取消费者剩余标准还是总剩余标准，所计算的效率一定是那些通过较少的限制性手段无法轻易实现的效率，诸如通过企业的个别投资、通过联合生产协议，或是通过包括某种有限的股权转让而实施的兼并。

对于那些宣称将带来显著经营效率（例如，通过减少劳动力或资本）的兼并，一个值得关注的问题是，这些成本的削减是否会改变这些企业所生产产品的质量。例如，最近两个加拿大丙烷公司进行了兼并，它们占有加拿大全部市场份额的 70%，这两个兼并企业提出将加强其地方分支机构，削减卡车、司机和服务人员的数量。如果企业的客户服务质量没有受到影响，上述措施所导致的效率提高将被

---

① 《横向兼并准则》中有如下表述：

如果一项兼并能带来可识别的效率改进，并且幅度较大，并因此在任何相关市场中都不太可能是反竞争的，那么反垄断机构就不会对此兼并提出质疑。为做出必要的决定，反垄断机构需要考虑在相关市场中，可识别的效率是否足以逆转兼并损害消费者剩余的潜在可能性，即阻止该市场中的价格上升。

但需要注意的是，这一检验被视为是允许兼并的充分条件，而非必要条件。这一含糊的解释看起来可能有点令人感到奇怪，但这或许是经过深思熟虑的。反垄断机构拥有一些决定权，它们可以准许那些可能被法院所阻止的兼并。然而，法院采用的判断标准也不是完全明确的，与政府反垄断机构中的经济学家的偏好相比，其更倾向于采用消费者剩余标准。另外，DOJ 和 FTC 的判断标准也有一些差别，FTC 比 DOJ 更倾向于采用消费者剩余标准（由于不同的反垄断机构倾向于专门审查不同产业的兼并情况，所以会产生针对不同产业使用不同标准的情况，这也会对上述两个机构的标准选择产生影响）。关于这一问题，也见 Werden（1997）。

视为是有效的，但是，如果上述措施所导致的节约反映的是在现行质量—成本边界曲线上的移动，即以降低质量为代价来达到成本削减的目标，那么，从反垄断立场看，所带来的效率改进将是无效的。

3.4 解决《准则》问题的计量经济学方法

在 DOJ 和 FTC《准则》的应用中，计量经济分析被用于两个主要领域：一是界定相关市场；二是提供集中度上升对价格影响的证据。

界定相关市场

假设有一个包括兼并企业产品在内的替代品集合（产品 1，…，N)。为了回答《准则》中的市场界定问题，我们需要研究：在其他企业的产品价格不变（保持兼并前的水平）时，上述产品集合中某一子集产品的追求利润最大化的垄断企业是否会把价格至少提高5%。如果我们了解这些产品的需求和成本函数，以及全部 N 种产品兼并前的价格，就可以给出这一问题的答案。

为了回答《准则》关于相关市场界定的问题，我们首先必须估计这些产品的需求函数。考虑其中一种最简单的情况，假定一个垄断生产企业生产单一同质产品，如 W 这种标准化的产品，该产品不同于所有其他企业的产品。在这种情况下，我们只需估计出 W 产品的需求函数，可以由函数 x（p，q，y，ε）来表示，其中 p 是 W 产品的价格，q 是替代品价格的向量，y 是外生的影响需求的向量（例如，收入、天气等)，ε 代表计量经济分析者无法观测到的（随机）因素。例如，从一个固定弹性的需求函数（该产品只有一种替代品和一个影响需求的因素）可以推出如下等式：

$$\ln(x_i) = \beta_0 + \beta_1 \ln(p_i) + \beta_2 \ln(q_i) + \beta_3 \ln(y_i) + \varepsilon_i \qquad (3\text{—}16)$$

在等式中，i 可能代表横截面市场中不同子市场的观测值，也可能代表同一市场一系列观察值中不同时间段上的观测值。[①] 在对（3—16）式进行估计时，会出现几个标准问题。首先，正如在计量

① 通常，可以用多市场、时间序列的面板数据对此方程进行估计。

经济研究中经常出现的，对方程恰当与否进行仔细的检验是非常关键的。其次，适当控制价格内生性问题是很重要的：W 产品的价格 p 几乎必然与 ε 相关，因为那些影响 W 产品需求，而进行计量经济分析的人又无法观测到的因素，在几乎所有情况下，都会影响 W 产品的均衡价格。[①] 无法引入恰当的工具变量来估计方程（3—16）式会导致偏差，这种偏差的存在极有可能造成对需求弹性的低估，因为与需求正相关的因素很可能与价格也是正相关的。[②] 但是，值得注意的是，如果我们来估计逆需求函数

$$\ln(p_i) = \bar{\beta}_0 + \bar{\beta}_1 \ln(x_i) + \bar{\beta}_2 \ln(q_i) + \bar{\beta}_3 \ln(y_i) + \varepsilon_i \quad (3\text{—}17)$$

那么，由于均衡数量 x 也可能与 ε 正相关，所以，我们预计也会低估逆需求弹性，即高估需求弹性。（实际上，上述两种需求弹性估计之间的差异是对内生性的一种识别检验）。用一句半开玩笑的话来说，上述检验的结果可以直接推出所谓的“咨询铁律”：“如果你受雇于被告，那么就估计逆需求函数；如果你受雇于原告，就估计正常的需求函数。”为正确估计上述每种形式的需求函数，我们需要寻找到能够解决价格/数量内生性问题的合适的成本工具变量，即期望与价格/数量相关，却与需求变动无关的变量。

当考虑的产品集合中包括差异产品时，事情就会变得更为复杂了。如果集合中的产品种类较少，那么我们就可以简单地扩展上述估计程序，通过同时估计一组需求函数来描述。例如，假设垄断者生产 W 和 G 两种标准化产品，且只存在一种替代品。那么，在固定弹性情况下，我们可以估计如下方程组：

$$\ln(x_{\omega i}) = \beta_{10} + \beta_{11} \ln(p_{\omega i}) + \beta_{12} \ln(p_{gi}) + \beta_{13} \ln(q_i) + \beta_{14} \ln(y_i) + \varepsilon_{1i} \quad (3\text{—}18)$$

$$\ln(x_{gi}) = \beta_{20} + \beta_{21} \ln(p_{gi}) + \beta_{22} \ln(p_{\omega i}) + \beta_{23} \ln(q_i) + \beta_{24} \ln(y_i) + \varepsilon_{2i} \quad (3\text{—}19)$$

但可能面临的主要困难是，要能够找到足够合适的工具变量来分别识别出价格 p_ω 和 p_g 的影响。通常，我们需要找到一些只影响其中一种产品生产成本的变量（或者至少是那些对两种产品的成本产生

---

① 这一相关性不会存在，例如，企业在兼并前具有固定的边际成本，并且进行的是伯川德价格决定博弈。

② 文中的论述将替代品价格向量的替代量 q 视作外生变量。但是，这一价格向量也可能与 ε 相关，并且可能需要通过工具变量方法来解决。

显著不同影响的变量）。

但是，随着要考虑的产品种类的增多，对相应的需求函数方程组进行估计将不再可行，因为没有足够多的数据可以用来分别估计出产品的所有自身需求价格弹性和产品间的需求交叉价格弹性（需要计算的弹性数量以产品种类数的平方上升）。过去，我们通过将所有产品分别加总成一些子集合（例如，在金枪鱼生产者的兼并中，把金枪鱼划分为高档金枪鱼、中等金枪鱼和自有品牌金枪鱼），然后将估计限制在对这些子集合需求的研究上（其中使用的价格是子集合中商品的某种价格指数）。但是，最近在差异产品需求系统的计量经济估计方面取得了很大进展。这些方法的关键之处是，施加了某些限制来减少需要估计的参数数量，而不曲解数据本身。

截至目前为止，文献中提出了两种主要方法。一种是由 Berry、Levinsohn 和 Pakes（1995）所提出的，将不同产品的需求描述为某些基本特征的函数（也见 Berry（1994））。① 例如，在这一研究关注的焦点领域——汽车产业中，汽车的属性包括长度、重量、功率和其他各种特征。令 a_j 代表汽车 j 的特征向量，当汽车 j 的价格为 p_j 时，消费者 i 购买汽车 j 的净剩余函数为：

$$u_{ij} = a_j\beta_i - \alpha_i p_j + \zeta_j + \varepsilon_{ij} \tag{3—20}$$

其中 β_i 代表一种参数向量，反映了消费者 i 对汽车各种属性的权衡，α_i 表示消费者 i 收入的边际效用，ζ_j 表示计量经济分析者无法观测到的，反映汽车 j 质量特征的随机变量（适用于所有的消费者），ε_{ij} 表示能影响特定消费者或特定汽车的随机变量，因消费者或汽车的不同而不同，无法为计量经济分析者所观测到。参数 β_i 和 α_i 可能适用于所有的消费者，用于表示具有共同均值，但因消费者而异的随机变量，或者（如果能够得到数据）也可以表示消费者地理特征的函数。② 假设消费者在离散的替代消费品间进行选择，这些替代品的数量恰好等于市场中产品的数量。

---

① Berry、Levinsohn 和 Pakes 对这一方法所作的贡献是建立在 Bresnahan（1987）所做的工作以及大量有关离散选择和产品特征的文献基础之上的（例如，见 McFadden（1981）及其中的参考文献）。若想进一步了解关于这些方法的资料，请参照 Ackerberg 等人的研究（即将发表的）。

② 如果可以得到个体层次上的人口统计和购买情况数据，那么就可以在个体层次上估计出等式（3—20）的参数值。否则，可以使用总量数据中的人口分布变量，如 Nevo（2001）的研究所用的方法。

Berry、Levinsohn 和 Pakes（1995），Berry（1994）及 Nevo（2000a，2000b，2001）详细阐述了包括工具变量选择与计算在内的上述需求模型的估计方法。这种方法的主要优点在于通过将市场中每种产品的价值归并于有限的特征向量上，从而减少了要估计的参数的数量。当然，存在的潜在危险是，这些限制将与数据无法很好地匹配。例如，置于方程（3—20）式中的一个模型是传统的 logit 模型（令 β_i 和 α_i 代表消费者的共同参数，假设 $\zeta_j=0$，令 ε_{ij} 具有极值分布）。这个模型具有众所周知的无关选择独立性（IIA）特征，该特征意味着如果某一产品的价格上升了，所有转向其他产品的消费者会根据其他产品的市场份额来完成转移过程。[①] 这一假设常常和实际的替代模式不一致。例如，具有大致相同市场份额的两种产品各自具有特定的紧密替代品，这是很常见的情况。Berry、Levinsohn 和 Pakes 讨论了 Yugo 和 Mercedes 两个品牌汽车的例子，Yugo 和 Mercedes 具有相近的市场份额，但两者与 BMW 的交叉需求弹性却有较大差异。如果 BMW 的价格上升了，很可能出现的情况是，对 Mercedes 市场份额的影响要远远大于对 Yugo 市场份额的影响。[②] 这一领域的很多文献集中于如何（成功地）对这一模型的不同形式进行估计，使其具有比 logit 模型更为丰富的替代模式。例如，通过允许消费者在 β_i 系数上有所差异，上述模型给出了更为合理的替代模式，因为选择了 BMW（并因此可能更看重车的功率和豪华程度）的消费者在面临第二次选择时，很有可能选择 Mercedes 而不是 Yugo，因为和 Yugo 相比，Mercedes 的特征和 BMW 的特征更为相似。

第二种方法是由 Hausman、Leonard 和 Zona（1994）（也见 Hausman（1996））提出的多阶段预算程序模型。在这种方法中，将市场上的产品依据预设的标准分成小组。例如，在这些作者所研究的啤酒市场中，啤酒被分为高档啤酒、廉价啤酒和轻淡啤酒三个小组，

---

① 为理解这一点，回忆一下在 logit 模型中，给定价格向量 p 和消费者数量 M，则产品 k 的需求函数为

$$x_i(p)=M\frac{e^{a_k\cdot\beta-\alpha p_k}}{\sum_j e^{a_j\cdot\beta-\alpha p_j}},$$

因此，对任意两种产品 j 和 k 的需求的比例是独立于所有其他商品价格的。

② 两种具有相同市场份额的产品与任何第三种商品之间有相同的需求交叉弹性这一事实实际上是来自于 logit 模型中的附加自变量与同分布的误差结构（这意味着它们必须具有相同的（$a_j\cdot\beta-\alpha p_j$）值），而不是来自于极值假设。但是，极值假设隐含着文中提到的强 IIA 特征。

然后，分别对这三组的啤酒需求进行估计。首先，他们估计对每组啤酒的需求，将需求视为每组啤酒价格和对每组啤酒总支出的函数，类似于方程（3—18）和（3—19）。然后，对三组啤酒之间的支出分布进行估计，将分布视为啤酒总支出和各组啤酒价格指数的函数。最后，对啤酒支出的需求函数进行了估计，将其视为所有啤酒价格指数的函数。

在此方法中，通过对产品进行分类（可分割性和对需求结构的其他假设使得多阶段预算方法具有可行性）控制了要估计的参数数量，从而可以从组内和组间两个层次对替代参数进行更为灵活的估计。另一方面，这种方法的确对（预先划分的）不同小组内产品间的替代模式给予了很强的限制。例如，对某一组中的产品（如高档啤酒）的需求增加与另一组（如廉价啤酒）中哪一产品价格出现了上涨没有关系。

到目前为止，对上述两种方法的相对优点进行评价的文献很少。Nevo（1997）所作的研究是其中之一，Nevo 在对速食麦片产业的研究中对这两种方法进行了比较。在其特定研究中，Nevo 发现 Berry、Levinsohn 和 Pakes 的产品特征方法效果最好（对类似 Post 公司和 Kellogg 公司的葡萄干麸皮麦片这类显然是高度替代品的产品，根据多阶段预算方法却得到了产品间的负交叉价格弹性），但是到目前为止，还难以对两种方法进行一般性的比较。

回答《准则》市场界定问题的第二步是估计企业的成本函数。原则上，这可以通过直接估计成本函数，或者通过间接估计生产函数或要素需求方程来实现。与需求估计类似，这些方法都会面临内生性问题，同时还可能出现选择问题。① 然而，与成本相关的另一问题是常常缺乏必要的数据。需求估计所需的产出和价格数据通常比成本估计所需的成本或投入信息数据更容易获得。

在无法直接估计企业成本函数的情况下，如果我们对企业行为做出一些假定，就可以对企业的边际成本进行估计。例如，假设兼并前，企业进行的是（差异产品）静态纳什定价均衡博弈，且兼并前

① 对这些问题的讨论，请参见 Olley 和 Pakes（1996）及 Griliches 和 Mairesse（1995）。

每个企业i都是单一产品生产企业。① 这时，我们就可以根据企业的价格满足如下一阶条件的事实，

$$(p_i - c'_i(x_i(p)))\frac{\partial x_i(p_i, p_{-i})}{\partial p_i} + x_i(p) = 0 \quad 对于 i = 1, \cdots, N \tag{3—21}$$

得出：

$$c'_i(x_i(p)) = p_i + \left[\frac{\partial x_i(p_i, p_{-i})}{\partial p_i}\right]^{-1} x_i(p) \quad 对于 i = 1, \cdots, N \tag{3—22}$$

如果我们做出在相关的范围内企业的边际成本接近固定不变这一假设，那么（3—22）式就给出了对企业边际成本的估计。②

给定对假设的垄断企业所控制产品的需求与成本函数的估计值，及其他产品兼并前的价格，就可以计算出使这一垄断企业利润最大化的价格，并与这些产品兼并前的价格进行比较，就可以对《准则》所提出的价格上涨5%的市场界定问题做出回答。

运用计量经济分析工具对需求与成本进行估计，尤其是在产品差异普遍存在的产业中，是近期的事情。而且，这些调查研究的时间通常也不充分。因此，在试图回答《准则》中市场界定有关问题时，就相应采用了一些较为简单的技术。最简单的技术涉及对企业文件的考察和对行业市场营销的研究，以及非正规地向客户询问当价格发生变化时他们转向其他产品的可能性。这些方法当然最多只能给出产品间替代程度的一个粗略估计。③

另外两种方法分别涉及检验一组产品间的价格相关性，及在区域市场界定情况下，考察转运问题。但这两种方法都存在严重的潜在缺陷。

首先，考虑检验价格相关性的方法。假设有两个城市A和B，相距100英里。城市B中的W产品所在产业是竞争性的，单位产品的生产成本是 c_B，城市A中存在一个完全垄断性的W产品生产者，其

① 同样类型的推导可以适用于多产品企业，但需使用更为复杂的方程式。参见Nevo (2001)。

② 作为替代的方式，给定行为假设，我们就可以采取计量方法，通过Bresanhan (1989) 所论述的联合估计需求和企业的供给关系来推导出成本。

③ 也可以使用更为正规的消费者调查方法，例如，参见Baker和Rubinfeld (1999) 文中的论述。

单位生产成本是 c_A。c_B 和 c_A 是随机变量。每个城市的区域市场 i 的需求函数是 $x_i(p)=\alpha_i-p$，且 W 产品在两个城市间进行运输的成本是 t。

首先，假设运费 t 趋于无穷大，因此，两个市场实质上是完全独立的。所以，市场 A 的价格将是 $P_A^m=(\alpha_A+c_A)/2$，市场 A 和市场 B 中的价格的相关系数将是：

$$\frac{cov(p_A \cdot c_B)}{\sqrt{var(p_A)\ var(c_B)}}=\frac{\frac{1}{2}cov(\alpha_A, c_B)+\frac{1}{2}cov(c_A, c_B)}{\sqrt{var(p_A)\ var(c_B)}} \quad (3\text{—}23)$$

如果，α_A 是固定的，并且 $c_A=c_B\equiv c$，那么即使两个市场是完全独立的，相关系数也等于 1，即是完全相关的（这正是存在共同因果因素的情况，在这种情况下，存在共同的边际成本水平）。

相反，假设 t 是随机的，并且 $\alpha_A=1$，$c_A=c_B\equiv c$，并且对所有的 t 值，$(c+t)<\frac{1}{2}$。在这种情况下，市场 B 的价格就会完全约束市场 A 的价格，因此，$p_A=c+t$。如果 t 和 c 是独立分布的，那么两个市场中价格之间的相关系数则为：

$$\frac{cov(c+t, c)}{\sqrt{var(c)+var(t)}\sqrt{var(c)}}=\frac{var(c)}{\sqrt{var(c)+var(t)}\sqrt{var(c)}} \quad (3\text{—}24)$$

因此，尽管市场 A 受到竞争性市场 B 的完全约束，但是，如果 var（c）很小，则价格之间的相关系数将几乎为 0。另一方面，如果 t 的方差很小，则相关系数接近于 1。但是，无论是 var（c）较小，还是 var（t）较小，都与最根本的竞争状况无关，这是问题的所在。

上面最后这种情况也可用于说明转运方法所存在的缺陷，原因在于，尽管市场 A 完全受市场 B 的约束，但在均衡状态时却不会发生转运。

关于集中度上升的价格效应证据

在考虑“其他”因素时，横向兼并的一方或双方经常提出的一类证据是有关集中度对价格的影响。这类研究通常遵循“结构—行为—绩效”范式，将绩效的度量指标——此处是指价格对一个或多个集中度指标及其他控制变量进行回归分析，① 旨在解释横截面市场

① 在结构—行为—绩效研究中使用价格变量最为 Weiss（1990）所推崇。

i=1，…，I 中价格因素的一个典型的回归模型可以近似地用下式表示：

$$p_i = \beta_0 + \omega_i \cdot \beta_1 + y_i \cdot \beta_2 + CR_i \cdot \beta_3 + \varepsilon_i \quad (3—25)$$

其中，ω_i 是影响成本的变量，y_i 是影响需求的变量，CR_i 是表示市场集中度水平的度量指标（这些变量可能以对数形式存在，可能包括线性的和非线性的形式）。在最标准的处理方法中，所有这些变量全部被视作市场价格的外生决定变量。同样的，给定回归中需求与成本的混合变量，为了把这一估计与对需求供给关系“结构”的估计区分开，通常把回归结果看作“简约式形式”的估计结果（例如 Bake 和 Rubinfeld（1999））。给定回归分析方程（3—25）的回归结果，兼并的价格效应通常利用所度量的兼并前与兼并后的集中度来预测，兼并后的集中度是在假设兼并后企业的市场份额等于兼并前参与兼并企业的市场份额之和的情况下计算出来的（例如，HHI 从 HHI_{pre} 变成 HHI_{post}）。

这种回归分析广泛应用于横向兼并案例中。例如，在 FTC 对 Staple 和 office Depot 兼并案的审查中，FTC 和被告都采用了这种类型的回归分析方法。[①] 在该项兼并中，关注的焦点是这些办公用品“超级市场”应否被看成独立的市场（或“子市场”）或者应否被视为更大的办公用品供给市场的一个小的组成部分。双方用这种回归分析方法来考察某一城市中 Staple 产品的价格决定因素。[②] 在该案例中，因变量的观察值是某一月份选定的 Staple 超市的产品价格。集中度的度量不仅包括对办公用品供给市场中总体集中度的度量，还包括对在同一大城市区域和选定 Staple 超市给定半径范围内是否存在办公用品供给超市的量度。

再举一例。1996 年，在柏林顿北方铁路公司（BN）和桑达菲铁路公司（SF）进行合并后不久，联合太平洋铁路公司（UP）试图兼并南太平洋铁路公司（SP）。如果兼并成功，在密西西比河西部的铁路线提供服务的企业将由三个变成两个，某些线路还会由两个企业变成一个企业。兼并双方声称 SP 的市场力量比较弱，在 BN 和 SF 已经

---

① 关于在案例中使用计量分析证据的一项有趣的论述，可参见 Baker（1999b）。

② 这些数据实际上是一些超市在一段时间的面板数据，而不仅如等式（3—25）所对应的横截面数据或时间序列数据。

经营的路线中，SP 不会对 UP 的市场竞争效应产生显著的影响。为支持其观点，兼并企业利用上述方法对 UP 的价格作了研究，研究中集中度指标包括不同的虚拟变量，通过虚拟变量确切地显示了在特定市场中 UP 所面对的竞争者。①

虽然这种方法为许多案例提供了有用的证据，但也受到某些严重问题的困扰。第一个问题是关于市场集中度的内生性问题。事实上，回归方程（3—25）并不是真正的“简约式模型”。一个真正的简约式模型应该只包括影响市场竞争结果但不影响集中度的最基本的外生变量，集中度应是竞争过程的结果。② 实际上，根据 Bresnahan（1989）的研究，方程（3—25）在很多方面更接近于对供给关系的估计，Bresnahan（1989）正是在这个意义上进行讨论的。为理解这一点，考察如下情况，需求为固定弹性形式，$X(p) = Ap^{-\eta}$，所有企业都是相同的，具有固定的单位成本 c，并且，企业间进行的是静态古诺均衡博弈。在上述条件基础上，可得某一竞争企业的一阶条件为：

$$p = c - P'(X)\, x_i = c + \frac{s_i}{\eta} p = c + \frac{H}{\eta} p \qquad (3—26)$$

其中，$P(\cdot)$ 表示逆需求函数，s_i 表示第 i 个企业的市场份额，在对称性假设下，s_i 也等于赫芬达尔—赫希曼指数，此处将该指数表示为 H。正如 Bresnahan（1989）的研究所采用的，可以通过引入行为参数 θ 构造这一模型与完全竞争模型，将（3—26）式改写为：

$$p = c + \theta \frac{H}{\eta} p$$

因此，可得

$$p = \left(\frac{\eta}{\eta - \theta H}\right) c \qquad (3—27)$$

（3—27）式括号里的式子表示价格对边际成本的加成比例系数。通过对（3—27）式两边取对数，可将该式写为：

$$\ln(p) = \ln(c) + \ln(\eta) - \ln(\eta - \theta H) \qquad (3—28)$$

假设边际成本可表示为 $c = \underline{c} e^{\varepsilon}$，其中 ε 表示不可观测的成本影响因素，$\underline{c}$ 表示可观测的因素或是需要被估计的参数。因此，（3—28）

---

① 这个案例被递交到水陆运输局（the Surface Transportation Board），该机构对铁路业的兼并具有管辖权。

② 等式右边的其他一些变量通常也是外生变量。例如，在民航服务定价研究中通常把某一航线的载客量，即可售出的可使用座位的份额，作为影响成本的右侧变量。

式变为：

$$\ln(p)=\ln(\bar{c})+\ln(\eta)-\ln(\eta-\theta H)+\varepsilon \qquad (3—29)$$

（3—29）式和（3—25）式的形式很相似，两者之间主要的区别在于集中度变量 H 和需求系数 η 的相互作用关系。对（3—25）式进行估计可以视作对这一供给关系的线性近似估计。

在估计（3—29）式中存在的问题是，由于该式的内生性，H 可能与影响成本的因素 ε 相关，因此会导致最小二乘估计产生一个不一致的（或换言之，有偏的）参数估计结果。尤其是，由于市场中企业的数目是由进入的可获利性决定的，因此 H 就会和市场中的成本水平相关。在这种情况中，要想得到无偏的参数估计结果，我们需要找到与 H 相关，但与不可观测的成本因素 ε 不相关的工具变量。可能的选择包括“市场规模”变量 A 和进入成本的衡量指标。

然而，即便我们能够找到这样的工具变量，但在（3—29）式的模型中，我们假设企业是对称的。但这是一个有问题的假设，因为（除了古诺产业外，这种产业中的企业完全相同，并具有不变的规模报酬）兼并前和兼并后的情况都很可能是非对称的。但是，当我们考虑非对称特征时，企业的供给关系不太可能采取像（3—25）式的形式，在（3—25）式中，竞争对手的价格或产量仅通过市场集中度指标如 H 影响本企业的定价。如果这样的话，（3—25）式的形式就是不合理的。

由于企业的某些策略性变量是不可观测的，因此，利用（3—25）式的估计结果来预测兼并所导致的价格变化还会产生另一个潜在的问题。例如，企业通常会进行一些影响成本的策略性决策，如从事 R&D 或进行生产能力投资。这些决策，比如用 k 表示，通常会依赖于市场中的竞争程度，即在一个市场样本中，这些决策可以描述为 k^*（H，·）。再来看（3—29）式，如果 k 是计量经济分析者不可观测的变量，那么最终将导致成本指标 ε 是不可观测的。由于 k^*（·）由 H 决定，这会导致 ε 和 H 之间的相关关系，而这难以通过找到适当的工具变量来解决，因为与 H 相关的变量几乎总是与 k 相关的，由此也会与 ε 相关。因此，在我们的市场样本中，即使企业是对称的，并且 H 确实是外生的，所得到的参数估计也是有偏的。

这是一个问题吗？有人会认为不是。毕竟，如果 H 确实是外生变量，那么最小二乘估计仍然能够告诉我们依赖于 H（和可观测的需求与成本因素）的价格期望值。因为 H 的变化对价格的总效应，包括由 H 的变化引起的 k 的变化对价格的影响，是我们真正想知道并且已经知道的，那么目的就可能已经达到了。问题是，仅当兼并对企业的策略选择 k 的影响，与函数 k^*（H，.）一致，并得到数据支持时，以上论述才是正确的。情况可能如此也可能并非如此。例如，在 H 给定的情况下，K^*（H，.）也许反映的是 k 的长期均衡选择，但在兼并后的短期和中期中，k 可能完全不同于长期均衡选择时的情况。

例如，考虑 UP 和 SP 案例。决定某一路线价格的重要因素之一是该路线总的生产能力水平（例如，轨道、侧轨、停车场地）。在其他条件相同的情况下，较高的生产能力会导致较低的价格。根据兼并前的数据，总的生产能力水平可能与该路线竞争者的数量和特征有关。例如，当存在更多企业时，总的生产能力水平可能就较高。因此，若回归方程中包括了这个路线中现存企业数目变量，但没有包括生产能力变量，那么由于集中度上升而导致的某些效应可能来自于如下事实：在选定的市场样本中，较高的集中度与较低的生产力能力水平相关。但在兼并中，尽管许多路线上的企业数目会减少，但这些路线上的生产能力水平也许会保持不变（至少从短期来看是这样的）。如果这样，上述回归分析所预测的兼并后的价格上升程度就会偏高。

最后，当我们用估计的结果来预测由于兼并而引起的价格变化时，若企业间是不对称的，H 的内生性仍然会导致问题的出现。因为，兼并后 H 的实际均衡水平未必等于 HHI_{post}，这一指标值是在简单假设兼并后的企业的市场份额等于兼并前企业的市场份额之和的情况下计算得出的。事实上，我们知道，在古诺模型中（不存在协同效应时），H 不会等于 HHI_{post}。因为兼并后企业的联合市场份额会下降。举一个简单的例子，在古诺产业中，有 N 个规模报酬不变的对称企业，兼并后的赫芬达尔—赫希曼指数是 1/（N－1），而 HHI_{post} = 2/N。如果我们有关于需求与供给关系的结构性估计值，就能推断出真正因兼并而导致的集中度的变化。但是，正如我们在下一部分将会看到的，如果我们能得到需求与供给关系的估计值，我们也可以用其来直接预测兼并后的价格，因此也就没有必要利用（3—25）式了。

鉴于这种方法相对容易并且适用广泛，尽管存在一些问题，但我们可以期望这种方法能够给出近似正确的答案。对于这种方法是否正确，我们若能比现在了解得更多自然是再好不过的。[①]

3.5 打破市场界定的固有模式

兼并《准则》在提出伊始，就极大地提高了反垄断审查机构对所提出的横向兼并的分析能力。与此同时，我们知道基于市场界定的《准则》实施过程，尽管是符合直觉的，但却并非基于任何明确的竞争与福利效应模型。考虑到这一事实，一个很自然的问题是，是否存在其他的技术方式，不需要进行这种市场界定和对市场集中度变化进行考察。在这一节，我们考察三种替代的技术，这些技术由经济学家提出来用于估计兼并可能产生的影响。它们分别是兼并模拟、剩余需求估计和事件研究方法。其中，兼并模拟方法似乎特别有应用前景。

兼并模拟

如果我们必须通过估计需求与成本函数来回答《准则》的市场界定问题（正如我们在3.4节第一部分所讨论的），为什么不直接用这些估计的结构参数来检验兼并的价格效应呢？亦即一旦运用兼并前的数据估计产业的结构模型，我们就可以模拟出兼并的效应，并且可以借此避免成本高昂地争论哪些产品应在界定的市场“之内”和市场“之外”。

从概念上看，模拟兼并的价格效应是简单的：给定市场中各种产品的需求和成本函数，及对企业行为的假设（现有研究通常考察静态的同时行动的价格选择博弈），我们就能够得到由兼并后的市场结构所决定的均衡价格。例如，在仅有3个企业的产业中，如果企业1和企业2进行合并，则在静态同时行动的价格选择博弈中，均衡价格（p_1^*，p_2^*，p_3^*）的值将满足：兼并后，在给定p_3^*的情况下，（p_1^*，p_2^*）应使兼并后的企业的利润最大化，即（p_1^*，p_2^*）应满足（式中符号与3.4节讨论差异产品需求时所用的符号含义相同）：

$$\max_{p_1,p_2}\sum_{i=1,2}[p_i x_i(p_1,p_2,p_3^*,q,y)-c_i(x_i(p_1,p_2,p_3^*,q,y))]$$

① 了解这一问题可参见 Peters（2003）。

而在给定（p_1^*，p_2^*）时，p_3^* 应使第 3 个企业实现利润最大化，即 p_3^* 应满足：

$$\max_{p_3} p_3 x_3 (p_1^*, p_2^*, p_3, q, y) - c_3 (x_2 (p_1^*, p_2^*, p_3, q, y))$$

如果明确给出需求和供给函数，不动点运算规则（或者在某些情况下，运用线性代数方法得到的显解）可用于求解兼并后的均衡价格（对这种方法更为详细的讨论可见 Hausman、Leonard 和 Zona（1994），Nevo（2000b），Werden 和 Froeb（1994））。再进一步关注的问题是，兼并应导致边际成本下降多少才能避免消费者剩余的减少（或者从总剩余标准来看，固定成本和边际成本之和应下降多少才能避免总剩余的减少）。随着近期结构模型估计取得了一些新进展，这种方法获得了越来越多的关注。

然而，这种方法有三点问题值得注意。第一，为确保通过模拟方法进行预测的质量，对需求进行正确的估计是很关键的。当模拟不必依赖于样本之外的推断时，也就是说，当兼并所引起的价格上涨仍在先前的经验范围之内时，需求估计将是更可靠的。

第二，兼并模拟中一个关键的部分涉及兼并后产业行为模型的选择。我们可将行为假设建立在利用兼并前的数据所做出的行为估计基础之上，这是在经验产业组织文献中具有很悠久历史的一种方法（例如，参见 Bresnahan（1987，1989）和 Porter（1983））。[①] 但是，一个值得认真考虑的问题是，企业行为可能会由于兼并而有所改变。例如，企业数目的减少可能会使一个产业从静态均衡结果（例如，伯川德或古诺均衡）转变成更为合作的默契串谋的情况。原则上，如果我们拥有一个市场样本，了解各种结构特征，企业行为的改变也是我们可以估计出来的。但是，到目前为止，研究兼并模拟的学者还没有在这方面做出尝试。

第三，正如前面讨论过的，定价很可能只是受兼并影响的某些重要变量中的一个。兼并对进入、长期生产能力投资和 R&D 都将产生显著影响。经验产业组织文献刚刚开始涉及这些动态问题。到目前为止，实际进行的兼并模拟并没有包括这些变量。虽然如此，由于动态

① 作为替代，可以简单地比较兼并前的实际价格和在不同行为假设下的预期价格，就如 Nevo（2000b）的做法。

问题属于非常活跃的研究领域，在兼并模拟中引入并关注这些动态变量将为时不远。

在最近的研究中，Peters（2003）通过检验兼并模拟方法对20世纪80年代所发生的六次航空业兼并所引起的实际价格变化的预测精确度，来评估兼并模拟方法的效果。标准的兼并模拟技术所得出的价格变化用表3—1中标记为“所有权变迁”的一列来表示，[①] 在标准的兼并模拟技术下，价格变化来自于所有权结构（给定估计的需求结构和推断出的边际成本）的变化。与此对应，实际的价格变化由该表的最后一列表示，标记为“实际价格变化的百分比”。虽然兼并模拟技术抓住了导致价格变化的一个重要因素，但其对不同兼并所导致的价格变化的预测还很不完善。例如，该方法预测，相对于西北航空公司和共和航空公司（NW－RC）的合并或环球航空公司和欧扎克航空公司的合并（TWA－OZ），美国航空公司和皮埃蒙特公司的合并（US－PI）所导致的价格上升幅度会更小，但是事实恰恰相反。

随后，Peters通过将兼并所带来的其他观测到的变化，例如，飞行频率或进入条件的变化，引入兼并后的模拟分析中，研究了这些差异在多大程度上可以由其他可观测的变化来解释。表3—1中标记为“观测到的变化”的一列为这个问题提供了答案。从中可见，这些观测到的变化对上述差异的解释力很弱。[②]

表3—1　　**航空业兼并的模拟与实际的价格变化**

兼并	重叠市场中相对价格平均百分比变化的成分效应					
	市场数量	所有权变迁	观测到的变化	μ的变化	c的变化	实际价格变化的百分比
NW－RC	78	19.8	－1.4	0.9	－10.1	7.2
TW－OZ	50	20.8	－2.2	－0.8	－1.0	16.0
CO－PE	67	6.4	0.7	0.2	20.5	29.4
DL－WA	11	7.6	－1.5	－0.5	6.0	11.8
AA－OC	2	4.7	－3.6	－1.8	7.6	6.5
US－PI	60	12.7	2.0	－1.9	6.7	20.3

资料来源：Peters（2003）。

① 对需求结构的不同假设如何影响结论这一问题的探讨，可见Peters（2003）。

② 然而，需要注意的是Peters仅仅考察了兼并完成以后的年份。在长期情况下，这些变化可能会更显著。

由于答案是否定的，Peters又进一步研究了未被观测到的产品属性（例如，企业的名声或者品质，表格中用μ表示）或边际成本（在表格中用c表示）的变化是否可以解释上述差异。利用估计得到的兼并前的需求系数，解出这些未被观察到的属性的取值，可以推断出这些未观测到的产品属性的变化，这些属性的取值应使兼并后的购买量与兼并后的价格相一致。给定推断出的兼并后未被观测到的产品取值，假设边际成本保持不变，如果产品属性确实以此方式变化，Peters就能解出可获得的纳什均衡价格，产品属性以此方式改变（由于兼并后未被观测到的产品属性完全从需求方面获得，因此计算出的均衡价格不必与兼并后的实际价格相一致）。从标记为“μ的变化”的一列可见，未被观测到的因素对解释预测价格和实际价格间的差距影响不大。

最后，Peters通过计算边际成本的大小来推断边际成本的变化，边际成本将使得计算出的均衡价格与兼并后的实际价格相等（这是通过囊括先前所有的变化实现的，这些变化包括推断出的未被观测到的产品属性μ的变化和利用纳什均衡定价一阶条件求解边际成本，正如3.4部分对市场界定的计量经济方法部分所讨论的）。标记为“c的变化”的一列表示的价格变化，反映了模拟中如果包括边际成本的变化但忽略产品属性的变化时价格变化的大小。从表中可见，由于c的变化而带来的变化可以解释最初的模拟价格与真实价格之间差异的很大部分。

但是应该注意的（正如Peters所注意到的）是，对上述结果还可以作另外的解释，正是企业行为而不是边际成本改变了兼并后的价格。例如，这在大陆航空与人民快递（CO－PE）的合并中反映的更为明显，被兼并的大陆航空在兼并前正受到严重的财务危机困扰。在这种情况下，价格的上升毫无疑问不是因为真实的边际成本变化而是由于先前受困扰的企业行为发生变化所致。行为的变化在其他兼并中也同样会发生。然而，Peters的研究至少为我们未来改进对兼并的分析指明了一个很可能是硕果累累的方向。

有一点似乎是清楚的，随着结构模型估计技术的完善，兼并模拟方法将会成为分析横向兼并的日益重要的工具。但是，它需要多长时间和将在多大程度上替代其他技术还有待观察。我的感觉是，至少在数据与时间限制不太严格的情况下，兼并模拟技术及其进一步改进的技术很快就会成为兼并分析的核心方法。

剩余需求估计

另一种方法是用由 Baker 和 Bresnahan（1985）提出的剩余需求函数方法，该方法并未遵循《准则》的思路，但同时也避免了全面的结构估计。特别的，Baker 和 Bresnahan 提出了测定由兼并而导致的市场力量上升的方法，该方法既不需要估计兼并企业和竞争对手企业产品间的需求交叉价格弹性，也不需要估计成本函数参数。Baker 和 Bresnahan（1985，59）将其表述如下：

估计一个拥有 n-2 个竞争对手的两个企业间兼并的效应似乎至少需要估计 n^2 个参数（所有的需求价格弹性），这是一个艰巨的任务。但是，这一极其困难的任务似乎是多余的。必要的信息已包含在兼并前两个单一企业的（剩余）需求曲线的斜率中，也反映在兼并企业将面临的需求曲线的陡峭程度上。这一方式的关键是，该产业中所有其他企业的影响都被加总到一起，这把需要考虑的因素降低到可控制的规模。我们只对两个企业的剩余需求体系进行估计，而不是 n 个企业的需求体系。

为便于理解 Baker 和 Bresnahan 的想法，我们从研究单个企业所面临的剩余需求函数（即将竞争对手的反应考虑在内的企业需求函数）开始分析是有帮助的，正如 Baker 和 Bresnahan（1988）所研究的。特别的，考虑一个由 N 个单一产品生产企业所组成的产业，假设企业 1 的逆需求函数为

$$P_1 = P_1(x_1, x_{-1}, z) \tag{3—30}$$

其中，x_1 是企业 1 的产量，x_{-1} 是企业 1 的竞争对手的产量，是一个（N-1）维的产量向量，z 代表影响需求的因素。为了推导企业 1 的逆剩余需求函数，Baker 和 Bresnahan 给定影响需求的变量 z 和影响企业 2，…，N 的成本变量 w_{-1}，向量 x_{-1} 和 x_1 之间的均衡关系可记作

$$x_{-1} = B_{-1}(x_1, z, w_{-1}) \tag{3—31}$$

例如，为简化分析，假设该产业中只有两个企业（即 N=2）。如果均衡产量是由静态同时行动的产量决策博弈决定或者是由以企业

1 为领导者的斯坦克尔伯格博弈决定的，那么（3—31）式就是企业 2 的最优反应函数。替换（3—30）式中的 x_{-1} 就可得到企业 1 如下的逆剩余需求函数：

$$p_1 = P_1(x_1, B_{-1}(x_1, z, w_{-1}), z) \equiv R_1(x_1, z, w_{-1}) \quad (3—32)$$

例如，在 z 和 w_{-1} 都是标量变量的情况下，我们就可用如下简单的固定弹性形式来估计这一函数：

$$\ln(p_{1i}) = \gamma_0 + \gamma_1 \ln(x_{1i}) + \gamma_2 \ln(z_i) + \gamma_3 \ln(w_{-1,i}) + \varepsilon_i \quad (3—33)$$

随后 Baker 和 Bresnahan 将 γ_1 的估计值作为衡量企业市场力量的指标，γ_1 代表的是逆剩余需求函数的数量弹性。①

注意由于 x_1 通常和 ε 相关，因此就需要找到 x_1 的工具变量。而且，由于竞争对手的成本变量 w_{-1} 已包含在估计方程（3—33）中，因此，所要找的工具变量应仅影响企业 1 的成本，即 w_1。不幸的是，这样的工具变量是很难找到的。

图 3—3 描述了识别剩余需求函数 R（·）的思路。设想企业 1 之外的其他企业都生产同质的产品，企业 1 的产品可能是一种差异产品，且 N 个企业通过同时选择产量来开展竞争。通过令企业 1 的竞争对手的需求影响变量 z 和成本变量 w_{-1} 固定不变，估计方程（3—33）有效地固定了竞争对手的总的最优反应函数，如图 3—3 中 $\overline{B}_{-1}$（·）所示。② 企业 1 的成本变量由 w'_1 变动到 $w''_1 < w'_1$，导致企业 1 的最优反应曲线向外移动，如图 3—3 所描述的，这使得 x_1 从 x'_1 增加到 x''_1，同时减少了竞争对手的联合产出 X_{-1}。剩余需求曲线的斜率就等于企业 1 的价格变化量和产量变化量的比率。例如，如果竞争者的规模报酬不变并采取竞争行为，且企业 1 的产品和其竞争对手的产品无差异，那么 $\overline{B}_{-1}$（·）就成为斜率为 -1 的直线。同时，由于企业 1 的产量每增加一单位，都会被竞争对手的产量减少一单位所抵消，因此方程（3—33）中所估计的系数 γ_1 为 0。

尽管这种方法很巧妙，但除了难以找到恰当的工具变量外，该方法至少还存在两个严重的潜在问题。第一，企业 1 的产出 x_1 和其竞争对手的产出 x_{-1} 的“均衡关系”可能不会采取（3—31）式的形式。

① 可进行类似的推导来得出剩余需求函数（而不是逆需求函数）。
② 也就是说，B_{-1}（·）函数是向量函数 B_{-1}（·）中的产量总和。

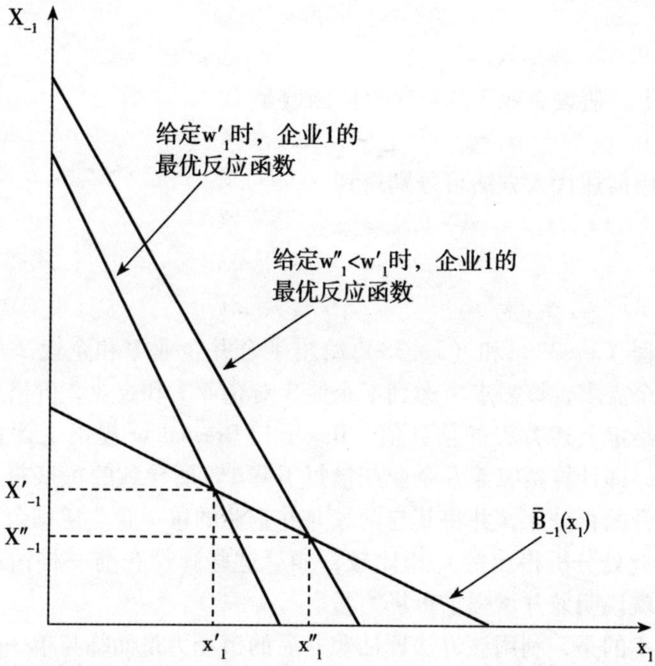

图 3—3　Baker－Bresnahan 剩余需求函数估计隐含的思路

例如，假设有两个企业，产出由斯坦克尔伯格模型决定，并且在该模型中企业 2 是领导者，那么企业 2 的产量将依赖于影响企业 1 的最优反应函数的所有变量（即包括 w_1），而不是仅仅依赖于（x_1，z，w_2）。

第二，除非企业 1 是实际的斯坦克尔伯格市场中的领导者，否则均衡时企业 1 选择的产量将不是式子$\max_{x_1}$ ［R_1（x_1，z，w_{-1}）－c_1］x_1 的解。例如，如果产量取决于同时决策的古诺模型，按上述步骤推导出的剩余需求函数将与市场中实际的价格—成本差额（利润）没有任何直接的联系。

在 Baker 和 Bresnahan 评估兼并的过程中详细阐述了这一思路。为简单起见，假设一个产业起初只有三个企业，企业 1 和企业 2 将合并，而企业 3 依旧独立（该思路可以扩展到任意个独立企业的情况）。现在假设企业 1 和企业 2 逆需求函数分别为：

$$p_1 = P_1(x_1, x_2, x_3, z) \tag{3—34}$$

和

$$p_2 = P_2\ (x_1,\ x_2,\ x_3,\ z) \qquad (3\text{—}35)$$

同上，假设企业 3 的最优反应函数是

$$x_3 = B_3\ (x_1,\ x_2,\ z,\ x_3) \qquad (3\text{—}36)$$

利用前述代入方法可分别得到：

$$p_1 = R_1\ (x_1,\ x_2,\ z,\ w_3) \qquad (3\text{—}37)$$

和

$$p_2 = R_2\ (x_1,\ x_2,\ z,\ w_3) \qquad (3\text{—}38)$$

方程（3—37）和（3—38）给出了合并企业 1 和企业 2 所面临的逆剩余需求，该需求考虑到了企业 3 对企业 1 和企业 2 价格选择的反应。给定上述方程的估计值，Baker 和 Bresnahan 提出了评估兼并的方法，即计算两家兼并企业产量每下降 1% 所导致的每家兼并企业价格上升的百分比，并将其与两家兼并企业的单一企业逆剩余需求弹性（由此处分析得出的）相比较，如果这些弹性在前一种情况下比较大，就说明兼并增强了市场力量。

不幸的是，利用该方法评估兼并后的市场力量面临与单一企业情况时同样的问题。并且，Baker 和 Bresnahan 用来比较兼并前后市场力量的方法还存在另一个问题：由于在兼并之前，两个兼并企业不可能都是斯坦克尔伯格模型的产量领导者，因此，单一企业的逆剩余需求弹性很显然与兼并前的市场加成没有直接的相关关系。①

总体来看，多种问题的存在使得剩余需求方法不如兼并模拟方法有应用价值。

事件研究方法

事件研究方法是未遵循《准则》思路的第三种经验方法，该方法在没有进行任何结构估计的情况下考察了兼并的影响。该方法来源于 Eckbo（1983）和 Stillman（1983）的研究，其简要观点如下：可使兼并企业提高价格的兼并对竞争对手是有益的，相反，使价格降低的兼

① 但是，在兼并企业以斯坦克尔伯格领导者身份进行决策的特定模型中，我们就可以运用等式（3—22）和（3—23）的估计值来推导出兼并后的价格，具体可以通过求解 $\max_{x_1, x_2}\ (\sum_{i=1,2}[R_i\ (x_1,\ x_2,\ z,\ w_3)\ - c_i]\ x_i$，得出兼并企业的最优产量（$x_1^*$，$x_2^*$），然后就可以计算出 $p_1^* = R_1\ (x_1^*,\ x_2^*,\ z,\ w_3)$ 和 $p_2^* = R_2\ (x_1^*,\ x_2^*,\ z,\ w_3)$。

并则对竞争对手不利。因此，通过考察竞争对手企业的股票价格对兼并声明及兼并企业随后采取的措施的反应，应该能够将上述两种情况区分开（Eckbo和Stillman研究了企业股价对相应兼并案件的反应，发现对竞争对手没有产生正的影响，因此得出结论，大多数兼并并没有破坏竞争）。

虽然这种方法很简单（它使用标准事件研究方法），但也存在一些潜在的缺陷。第一个问题涉及检验方法的有效性。例如，McAfee和Williams（1988）检验了他们认为"明显是反竞争的兼并"，但却没有发现任何证据表明竞争对手的股票价格出现了统计上显著的上升。对此，他们认为，问题在于竞争对手可能是股票收益率波动较大的大企业，因此，这种检验方法的有效性较低。即我们不能认为，竞争对手股价缺乏统计上显著的反应就意味着兼并不会提高价格。

第二个问题与文献中所说的"先例效应（precedent effect）"有关。如果发布兼并消息，这将更一般性地传递市场（或规制）情况的信息。例如，考虑发布一个能增进效率的兼并信息。该信息的发布不仅表明兼并企业的成本将下降，而且也意味着该产业中其他企业也会效仿其做法，寻找机会进行兼并。通常，兼并导致所有企业减少成本将会降低价格与提高利润。因此，发布兼并的有关信息——关于未来兼并及其影响的消息将使竞争对手的股票价格在促使价格降低的兼并消息发布后有所提高。①

从另一方面看，如果一项兼并扩大了企业规模，那么该兼并也可能提高反竞争的排他性行为发生的可能性。例如，在"鼓鼓钱袋（deep pocket）"驱逐对手模型中，企业所持资产的规模将影响其驱逐对手的能力（例如，Benoit（1984），Bolton和Scharfstein（1990）），兼并就可能提高竞争对手被吞并的可能性。这时，当一项可能提高价格的兼并信息公布后，就可能导致竞争对手的股票价格下跌。

① 原则上，我们可以通过观察竞争对手股票价格的不同反应来区分反竞争效应和先例效应。那些与兼并企业的竞争关系最为密切的企业应该会更加强烈地感受到竞争的影响。按此思路，Prager（1992）在其对1901年大北方铁路公司和北太平洋铁路公司的兼并案所作的研究中发现了先例效应的证据。但该研究的一个问题是，在某些情况下，先例效应也可能与所研究类型的企业更为相关。

上述解释上的困难在很大程度上可以通过观察客户的股票价格变化情况来得以避免，Mullin、Mullin 和 Mullin（1995）作了这方面的研究。通过观察客户的股票价格走势，便于直接考察股票市场上由兼并导致的价格变化的预期（同时观察到购买者剩余的非价格方面的信息，如质量）。Mullin、Mullin 和 Mullin 研究了 1911 年提起诉讼的美国钢铁公司（United States Steel，USS）拆分案例。他们从该案例的发展历程中选择了 13 个具有潜在重大意义的事件，然后通过筛选把注意力集中到引起该企业股票价格出现统计上显著变动的 5 个事件上。表 3—2 对这 5 个事件进行了描述，其中的（+）号或（-）号分别表示该事件引起企业拆分的概率是增加还是减少。

表 3—2　**事件描述**

变量		描述
USSRUMOR	（+）	华尔街对美国钢铁公司将要自动拆分的传闻做出反应。第二天《纽约时报》报道美国钢铁公司和司法部（DOJ）正在就自动解散进行协商。DOJ 和美国钢铁公司起初均未对这些报道进行评论。1911 年 9 月 20 日—1911 年 9 月 21 日。
USSDEN	（-）	美国钢铁公司宣布不准备拆分，而且认为并未违反反垄断法。1911 年 9 月 26 日。
DISSUIT	（+）	DOJ 提出对美国钢铁公司的拆分诉讼。同一天，美国钢铁公司正式宣布它将取消大西北公司的租约，并如先前报道的那样降低铁矿石的运费。1911 年 10 月 26 日。
SCTREARG	（-）	联邦最高法院要对几项重大的反垄断案件重新进行法庭辩论，美国钢铁公司的案例就包括在其中。1917 年 5 月 21 日。
SCTDEC	（-）	联邦最高法院支持了地方法院有利于美国钢铁公司的判决。1920 年 3 月 1 日。

资料来源：Mullin、Mullin 和 Mullin（1995）。

接着他们检验了这些事件对四类企业的股票市场价格的影响。这四类企业分别是：钢铁业中的竞争者、铁路公司、大北方铁路公司和城市电车公司。对钢铁业竞争者的检验沿用了 Eckbo—Stillman 的分析方法。[①] 与之不同，铁路公司和城市轨道公司都是美国钢铁公司的顾客，它们从美国钢铁公司购买相当数量的钢铁。[②] 表3—3给出了这三类企业对这5个事件的反应，该表同时也给出了美国钢铁公司对每一事件的反应。[③] 从表中可见，钢铁业竞争者的反应普遍不明显。然而，铁路公司的股票价格对这些事件的反应在统计和经济意义上都很明显，并且预示着美国钢铁公司的拆分将使钢铁价格降低。实际上，由于钢铁只占铁路成本的10%，如果由于USRUMOR事件使得兼并的概率从0上升到1，那么钢铁的预期成本下降20%才会导致铁路公司的成本在这一事件影响下降低2%。否则，钢铁的预期成本按同样比例下降将导致铁路公司的成本以更大比例（大于2%）下降。

表3—3　　**对事件反应的平均估计值**

事件	钢铁业竞争对手	铁路公司	城市电车公司
USSRUMOR	0.00374	0.02033	
	(0.1782)	(3.0246)	
USSDEN	0.00903	−0.01320	
	(0.4316)	(−1.9742)	
DISSUIT	0.03532	0.01260	
	(−1.6874)	(1.8828)	
SCTREARG	0.06233	−0.01860	
	(1.7707)	(−0.7394)	
SCTDEC	0.04260	−0.02858	−0.02551
	(1.3366)	(−1.7453)	(−0.3533)

资料来源：Mullin、Mullin和Mullin（1995）。

注释：括号中为t统计值。

另外两点也值得注意。第一，虽然Mullin、Mullin和Mullin发现兼并对客户有显著影响，但是应该注意，即使在统计上客户企业的股价对兼并信息的发布没有做出显著的反应，也并不意味着兼并不会对价格产生影响：如果客户本身也是生产者，那么价格的任何上升都可

① 竞争对手中没有包括大北方铁路公司，由于美国钢铁公司长期租赁了大北方铁路公司的铁矿石码头而与大北方铁路公司之间具有复杂的关系。单独检验了两者间关系对大北方铁路公司的影响，在此没有进行分析。

② 由于大量的钢铁是通过铁路运输的，因此对美国钢铁公司来说，铁路部门既是其消费者又是其供给者。Mullin、Mullin和Mullin认为，对供给者和消费者产生的影响应该是相似的，因为它们都仅依赖于钢铁产量的变化。

③ 在样本期间快结束时才获得了城市轨道公司的股票价格。同时注意，论文中的表5对这些事件对大北方铁路公司的影响也进行了说明。本文中的表3—3即来自该文中的表5。

能全部转嫁给最终的消费者。此外，正如 McAfee-Williams 的评论所述，这种检验的有效性是很低的。第二，类似的检验也可以用于研究兼并对互补产品生产企业的影响。

所有有关反垄断当局应当主要依赖事件研究方法来考察企业兼并的建议都假设：股票市场的参与者比反垄断当局能更准确（和更快）地预测兼并的竞争效果，或许这是一个有争议的假设。[①] 一个不太极端的观点是：反垄断当局应该把事件研究所得到的证据当作一个信息来源，比如可以把它当作对当局自身内部分析以及直接来自于产业与股票市场参与者观点的一种检验。

3.6 对实际兼并结果的检验

前面的所有讨论都集中于对横向兼并的预期分析上。一个很自然的问题是，回过头去考察一下，兼并的实际影响是什么。至少基于两个理由，这样的分析是有用的。第一，这些分析可以引导我们分析兼并反竞争的或是提高效率的可能性（理想的情况是，作为产业特征的函数）。第二，我们可以利用这些信息来评价各种预期兼并效果分析方法的有效性，正如在 3.5 节中 Peters（2003）的论文讨论兼并模拟方法时所做的一样。

遗憾的是，经济学文献明显缺乏这类分析。本章余下部分将对与此相关的研究进行考察，这些研究对实际兼并的价格或效率效应进行了分析（没有同时分析价格效应与效率效应）。很明显这是一个需要进行更多研究的领域。[②,③]

价格效应

少数研究分析了实际兼并对价格的影响，这些研究中的大多数都集中于对航空业兼并影响的分析。20 世纪 80 年代中期，航空业发生

---

① 例如，Kaplan（2000）的研究说明了股票市场对兼并的最初反应对兼并企业最终获利性的预期能力是很差的。

② Pautler（2003）对此处没有提到的一些研究进行了分析，包括针对获利性、股票价格反应和一些其他影响的研究。

③ 在一定程度上，对这些问题的研究比较有限是由于数据的缺乏，增加研究者（或至少是 DOJ 或 FTC）的数据信息的一种方式可能是，反垄断机构要求已获批准（或部分批准）的兼并的参与者同意在兼并完成后的一段时期向反垄断机构提供信息。

了一系列重大的兼并，并且，受数据报告制度的约束，与兼并有关的数据可以公开获得。Borenstein（1990）研究了1985年和1986年西北航空公司（NW）和共和航空公司（RC）、环球航空公司（TW）和欧扎克航空公司（OZ）的兼并效应。在这两个案例中，实施兼并的航空公司的中枢系统设在同一个机场：明尼阿波利斯（Minneapolis）同时作为NW和RC的中枢机场，圣路易斯（St. Louis）是TW和OZ的中枢机场。① 两次兼并都始于1985年，于1986年的第一季度达成最终协议，并且于1986年的第三季度得到了规制部门的许可（许可来自于运输部门）。表3—4给出了四种市场类型在兼并前后的平均"相对价格"，四种市场类型按如下两个条件界定：兼并前两个兼并企业是否是市场中的主要竞争者（即兼并前每个企业至少拥有该航线10%的市场份额，用表3—4中的第一列表示）；在兼并前两个兼并企业是否面临任何形式的竞争（即市场中是否存在"其他企业"，用表中第二列表示）。"相对价格"各列分别记录了1985年、1986年和1987年第三季度，每种市场类型中兼并企业的平均价格和一系列具有相似里程市场的平均价格之间的百分比差距的平均值（表格中所有括号里的数据均表示标准差）。1985—1987年"平均变化"这一列表示的是在每种市场类型中1987年的"相对价格"和1985年的"相对价格"之差的平均值。②

表3—4的结果揭示了两个兼并企业非常不同的情况。NW－RC间的兼并提高了价格，但TW－OZ间的兼并却并未提高价格。再细观察NW－RC兼并所涉及的不同市场类型，兼并前NW和RC所处的市场为双寡头市场，（相对）价格平均增长了22.5%。③ 同样值得注意的是，兼并前，在NW和RC并不构成竞争关系的航线市场中，价格也是上升的，这可能反映了如下问题：兼并前潜在进入对价格上升

---

① NW和RC分别占明尼阿波利斯市登机乘客数的42%和37%；TW和OZ分别占圣路易斯的登机乘客数的57%和25%。

② 注意：这一平均价格变化因此与表中"相对价格"一列所列出的平均相对价格的变化是不相等的。

③ Werden、Joskow和Johnson（1999）也对这两项兼并进行了研究。运用与Borenstein略为不同的方法，他们也发现NW－RC的兼并大幅度提高了价格，而TW－OZ的兼并（在兼并前两者是竞争者的航线上）引起了价格的小幅度上升（但仍然是正的）。Peters（2003）在对这一时期六家兼并案的研究中，也对上述两项兼并的价格变化进行了分析。他的数据研究表明，在兼并前两家企业都提供服务的航线上，NW－RC和TW－OZ的兼并分别使价格上涨了7.2%和16%；在兼并前两家企业没有竞争关系的航线上，NW－RC和TW－OZ的兼并分别使价格上涨了11%和19.5%。

构成约束，而兼并后主航站机场占优地位导致市场力量的提高，或者在存在竞争对手的市场类型中，与竞争者航线的多市场关联关系增强。Borenstein 同时指出，经营这些航线的其他航空公司的价格显示出与表 3—4 中兼并企业非常相似的变化格局。

表 3—4　**参与兼并的航空公司中枢机场的价格变化**

	其他企业	市场数量	相对价格[a] 1985	1986	1987	平均变化[a] 1985—1987
NW & RC	是	16	3.1	0.2	10.1[d]	6.7
			(2.8)	(4.5)	(5.9)	(4.3)
NW or RC	是	41	14.3[b]	21.2[b]	19.9[b]	6.0[c]
			(2.6)	(3.5)	(2.8)	(2.6)
NW & RC	否	11	15.2[d]	32.1[b]	37.8[b]	22.5[b]
			(8.2)	(10.3)	(7.5)	(5.2)
NW or RC	否	16	27.0[b]	36.6[b]	39.4[b]	12.0[c]
			(6.7)	(9.5)	(7.1)	(5.5)
总计		84	14.7[b]	21.5[b]	24.1[b]	9.5[b]
			(2.3)	(3.3)	(2.7)	(2.1)
TWA & OZ	是	19	-1.3	-2.7	3.2	4.6
			(6.1)	(4.0)	(4.6)	(7.5)
TWA or OZ	是	29	10.5[c]	4.7	5.7	-3.0
			(4.0)	(4.2)	(4.4)	(3.1)
TWA & OZ	否	9	39.6[b]	55.5[b]	27.4[b]	-5.8
			(7.5)	(13.2)	(2.4)	(6.4)
TWA or OZ	否	10	56.0[b]	61.4[b]	33.5[b]	-12.3[c]
			(12.0)	(11.8)	(8.1)	(4.0)
总计		67	17.8[b]	17.9[b]	12.1[b]	-0.0
			(4.0)	(4.6)	(3.0)	(3.5)

资料来源：Borenstein（1990）。

[a]以百分比表示。

[b]在 1% 的水平上显著（双尾检验）。

[c]在 5% 水平上显著（双尾检验）。

[d]在 10% 水平上显著（双尾检验）。

Kim 和 Singal（1993）扩展了 Broenstein 的分析，进一步检验了1985 年到 1988 年间 14 项航空公司兼并案例所导致的价格变化。对兼并企业提供服务的航线与其他相似距离的航线进行比较，表 3—5 描述了这些航线之间相对价格的平均变化情况。表格在水平方向上分为三个部分：第一部分为“整个时期”，考察了从收购者第一次出价前的一个季度到兼并完成后的一个季度期间的（相对）价格变化情况；第二部分为“公告期”，考察了从收购者第一次出价前的一个季度到出价后的一个季度期间的相对价格变化情况；第三部分为“完成时期”，考察了兼并完成前的一个季度与兼并完成后的一个季度期间相对价格的变化情况。表格在垂直方向上分为两部分：左边部分列出了兼并企业的“相对价格”的变化情况，右边则列出了竞争对手在兼并企业提供服务的航线上的“相对价格”的变化情况。在每一部分中，根据兼并中某个企业在兼并前是否存在资金困难，相对价格的变化都是单独计算的。对表 3—5 中变量的描述参见该表注释。

通过考察兼并企业的价格变化情况，我们发现在不涉及资金困难企业的兼并中，相对价格在整个样本期间平均上升了 3. 25%。在一个涉及资金困难企业的兼并中，相对价格显著增长（26. 35%）。公告期和完成期的相对价格变化也很耐人寻味。有人可能认为市场力量的影响在实际兼并之前就被感知到了（由于兼并企业的管理层增加了相互接触），而与兼并相关的效率改进只会在兼并完成之后才能体现出来。对于涉及“正常企业”的兼并而言，我们的确看到价格在公告期出现上涨，在完成期有所下降，尽管下降的幅度没有上涨的幅度大[①]（在涉及资金困难企业的兼并中，价格变化的格局更为令人费解）。竞争对手的价格变化仍然呈现出类似的格局。Kim 和 Singal 通过回归分析也检验了相对费用变化与赫芬达尔—赫希曼指数变化之间的关系。与上面刚给出的效率解释相一致，他们发现对于涉及“正常企业”的兼并来说，公告期的价格上升幅度与兼并引起的集中度变化高度相关，而完成期的价格下降则与集中度变化无关。

① 在兼并完成后不久就实现了效率的大幅度提高可能有些令人吃惊。但是，也有一些证据（Kole 和 Lehn（2000））表明这些兼并可能导致了边际成本的上升而不是下降。

表3—5 兼并企业与竞争对手企业相对价格的变化

变量	兼并企业 所有兼并	兼并企业 正常企业间的兼并	兼并企业 涉及资金困难企业的兼并	竞争对手企业 所有兼并	竞争对手企业 正常企业间的兼并	竞争对手企业 涉及资金困难企业的兼并
整个时期:						
样本规模	11 629	8 511	3 118	8 109	5 578	2 531
相对价格,初始时	0.9602 **	1.0325 **	0.7626 **	0.9140 **	0.9745 **	0.7807 **
	(0.8238 **)	(0.8982 **)	(0.6883 **)	(0.8645 **)	(0.9218 **)	(0.7588 **)
相对价格,结束时	1.0159 **	1.0529 **	0.9148 **	0.9831 **	1.0085	0.9272 **
	(0.8850 **)	(0.9309 **)	(0.8015 **)	(0.9287 **)	(0.9472 **)	(0.8944 **)
相对价格变化:	9.44 **	3.25 **	26.35 **	12.17 **	5.94 **	25.90 **
Lfarchg(百分比)	(9.75 **)	(3.76 **)	(20.66 **)	(11.20 **)	(4.42 **)	(23.71 **)
公告期:						
样本规模	7 214	5 832	1 382	4 891	3 730	1 161
相对价格,初始时	0.9792 **	0.9855 **	0.9530 **	0.9444 **	0.9499 **	0.9268 **
	(0.8575 **)	(0.8636 **)	(0.8376 **)	(0.8945 **)	(0.9093 **)	(0.8487 **)
相对价格,结束时	1.0270 **	1.0754 **	0.8228 **	0.9807 **	1.0345 **	0.8079 **
	(0.8947 **)	(0.9440 **)	(0.7337 **)	(0.9208 **)	(0.9634 **)	(0.7882 **)
相对价格变化:	5.54 **	11.32 **	-18.85 **	5.06 **	12.64 **	-19.28 **
Lfarchg(百分比)	(3.81 **)	(10.38 **)	(-17.66 **)	(3.77 **)	(9.73 **)	(-14.80 **)
完成期:						
样本规模:	7 557	6 140	1 417	5 304	4 105	1 199
相对价格,初始时	0.9874 **	1.048 **	0.7247 **	0.9496 **	1.0201 **	0.7081 **
	(0.8657 **)	(0.9273 **)	(0.6528 **)	(0.8938 **)	(0.9507 **)	(0.7046) **
相对价格,结束时	0.9640 **	0.9652 **	0.9590 **	0.9764 **	0.9776 **	0.9725 **
	(0.8683 **)	(0.8724 **)	(0.8541 **)	(0.9296 **)	(0.9286 **)	(0.9332 **)
相对价格变化:	0.21	-9.00 **	40.11 **	6.10 **	-5.36 **	45.34 **
Lfarchg(百分比)	(3.31 **)	(-6.82 **)	(38.36 **)	(7.13 **)	(-3.72 **)	(43.24 **)

资料来源:Kim and Singal(1993)。

注释:相对价格是样本航线的价格与控制组的加权平均价格的比率。相对价格在每个观测期的开始和结束时测量。Lfarchg 是指样本航线与控制组航线每期期末与期初的费用比率的自然对数之差的平均值。括号外的数据是未经加权的平均值。括号内的数据是根据每条航线上的乘客数来加权的平均值。均值为 1 的相对费用的统计显著性用 t 统计值来描述,均值为零的 Lfarchg 指标的显著性也用 t 统计值来描述。

** 代表 1% 水平上的统计显著性(双尾检验)。

表3—6 **四种类型航线相对价格变化**

时期与子样本	Lfarchg 均值百分比[样本规模]		Lhhichg 均值百分比[样本规模]		回归系数（t统计值）[a]			
	正常企业间的兼并	涉及资金困难企业的兼并	正常企业间的兼并	涉及资金困难企业的兼并	常数项	正常×Lhhichg	资金困难×Lhhichg	R^2_{adj}
兼并企业：整个时期								
中枢航线/重叠航线	-0.33	48.91**	36.35**	20.13**	0.3174	-0.4891	0.0920	0.101
	[193]	[180]	[193]	[180]	(9.00)	(-6.69)	(1.00)	
只是中枢航线	-11.01**	40.23**	1.89	5.81**	0.1604	-0.0461	0.0837	-0.002
	[291]	[331]	[291]	[331]	(6.99)	(-0.45)	(0.72)	
只是重叠航线	3.92**	40.12**	22.49**	19.92**	0.1535	-0.1370	0.3512	0.044
	[1 205]	[566]	[1 205]	[566]	(11.89)	(-4.56)	(5.28)	
上述两者都不是	3.84**	18.28**	0.84**	4.02**	0.0690	0.1945	0.1548	0.016
	[6 822]	[2 041]	[6 822]	[2 041]	(16.59)	(12.12)	(3.38)	

资料来源：Kim 和 Singal（1993）。

注释：Lfarchg 指标在表3—5注解中进行了描述。

Lhhichg 代表每一时期初始与结束时的赫芬达尔—赫希曼指数之比的自然对数在样本组与控制组航线之间的差异。

[a] $Lfarchg_i = \alpha + \beta_1 Normal_i \times Lhhichg_i + \beta_2 Fail_i \times Lhhichg_i + \varepsilon_i$

** 代表1%水平上的统计显著性（双尾检验）。

最后，Kim 和 Singal 根据兼并企业在某一航线上是否拥有共同的中枢机场（如果有，就称之为中枢航线）以及兼并前两企业是否都在这个航线上提供服务（如果是，就称之为重叠市场），将兼并企业的航线分为四种类型。表3—6描述了整个时期（相对）价格（以百分比表示）变化的结果。很明显，在涉及正常企业的兼并中，在“只是中枢航线”市场（即拥有共同中枢机场的非重叠市场）中，价格有所下降，而在既是中枢航线又是重叠市场的航线中，价格则没有变化（而且，Kim 和 Singal 还说明这些价格削减全部是在完成期出现的）。价格的这种变化强有力地说明了存在与兼并相关的效率收益。在“只是重叠市场”的航线中，价格变化与表3—5中全部样本期间的价格变化类似。最后要注意的是，在既非中枢航线，也非重叠市场的航线上，价格也出现了类似幅度的上升，这可能揭示了多市场关联有所增强所带来的影响。①

Peters（2003）的研究，尽管主要关注于评估兼并模拟方法（见3.5部分），也对6项兼并所引发的服务变化与进入事件进行了研究。Peters的研究揭示，在起初由兼并企业共同提供服务的航线上，飞行频率趋于下降；在起初由兼并企业中的一家企业提供服务的航线上，飞行频率趋于增加。② 兼并也导致了市场进入的出现，尽管只对其中的三项兼并而言，竞争对手数目的变化在统计上是显著的。

银行业是另外一个需要向政府提供经营数据的产业。Prager与Hannan（1998）研究了从1992年1月至1994年6月美国银行业中兼并的价格效应。他们考察了三种类型存款的存款利率变化：NOW账户（付息支票账户）、MMDA账户（个人货币市场存款账户）和3MOCD账户（三个月定期存单账户）。③ Hannan和Prager分别检验了如下两种类型兼并的影响："重大的横向兼并"，在这种兼并前后，受影响市场中的赫芬达尔—赫希曼指数至少增加200点，并且兼并后该指数至少要达到1 800点；"次重大横向兼并"，在这种兼并前后，赫芬达尔—赫希曼指数至少要增加100点，并且兼并后该指数值至少要达到1 400点，并且不属于"重大兼并"。价格数据是从1991年10月到1994年8月的月存款利率的观测值，所用的估计方程形式如下：

$$\text{ratchg}_{it} = \alpha + \sum_{t=2}^{T} \delta_t I_t + \sum_{n=-12}^{+12} \beta_n \text{SM}_{int} + \sum_{n=-12}^{+12} \gamma_n \text{LSM}_{int} + \varepsilon_{it},$$

其中，$\text{ratchg}_{it} = \ln(\text{rate}_{it}/\text{rate}_{i,t-1})$，$\text{rate}_{it}$代表银行i在t时期的存款利率；$I_t$是一个虚拟变量，处于t时期则取值为1，否则取值为0；虚拟变量SM_{int}取值为1，表示银行i在t+n时期面临"重大兼并"；虚拟变量LSM_{int}取值为1，表示银行i在t+n时期面临"次重大横向兼并"。④ 上述估计结果可见表3—7，其中，兼并行为的影响以三种总计形式呈现：兼并之前（n=−12到n=0）、兼并之后（n

① Evans和Kessides（1994）利用结构—行为—绩效形式研究了这一时期机票价格与市场集中度和多市场关联的关系，发现市场集中度和多市场关联都对价格产生了正的并且计量上显著的影响。他们的研究成果也为这一时期航空兼并的影响提供了间接证据，因为在他们的样本中，市场集中度和多市场关联的变化大都来源于兼并。

② Borenstein（1990）以及Werden、Joskow和Johnson（1991）对NW－RC和TW－OZ兼并后所带来的服务变化的研究结论是相似的。

③ MMDA账户拥有受限制的开支票的权利。

④ 事实上，情况要比这个更复杂，因为这些定价资料是银行水平的，而不是市场水平的（SMSA）。因此，兼并公告变量实际上是（用存款）加权的平均数，是对给定银行i在其所参与的各个不同市场中的兼并情况的平均。

=1 到 n = +12）和整个期间。

结果表明重大兼并降低了某一市场中银行所提供的利率。兼并的这种价格效应在 NOW 账户中是最大的（利率降低约 17%），有证据表明，NOW 账户的客户与当地银行有着最为密切的联系；而 3MOCD 账户的利率下降幅度最小（不到 2%，在统计上不显著）。但是，值得注意的是，Prager 和 Hannan 发现次重大的兼并提高了市场中支付的利率水平。对于这种差别的一个可能解释是，这些兼并涉及效率问题（在不考虑其他效应的情况下使银行有可能提高利率），但是对于重大兼并来说，这种效率改进对价格的影响比市场力量增加对价格的影响大。与 Kim 和 Singal（1993）的研究不同，他们发现这些效应的变化趋势在兼并前与兼并后是一样的。最后，尽管表 3—7 中的结果无法将兼并企业与其竞争对手的价格变化区分开来，但 Prager 和 Hannan 发现这两组有着相似的价格效应，在这一点上与 Borenstein（1990）、Kim 和 Singal（1993）的发现类似。

表 3—7　　**“重大”与“次重大”银行兼并的价格效应**

	NOW			MMDA			3MOCD		
	系数	t 统计值	大于|t|的概率	系数	t 统计值	大于|t|的概率	系数	t 统计值	大于|t|的概率
兼并前的影响									
重大兼并	−0.0865	−1.431	0.159	−0.0139	−0.429	0.670	0.0023	0.129	0.898
次重大兼并	0.0585	2.050	0.046	−0.0081	−0.459	0.648	0.0148	0.877	0.385
兼并后的影响									
重大兼并	−0.0882	−2.348	0.023	−0.0765	−4.349	0.000	−0.0178	−0.687	0.495
次重大兼并	0.0368	1.326	0.191	0.0042	0.135	0.893	0.0443	1.689	0.098
总的影响									
重大兼并	−0.1747	−2.413	0.020	−0.0905	−2.317	0.025	−0.0155	−0.450	0.655
次重大兼并	0.0953	2.422	0.019	−0.0038	−0.109	0.913	0.0590	1.728	0.091
观测值数量		13 313			13 498			12 972	
银行数量		435			443			433	
每个银行平均观测数量		30.60			30.47			29.96	
回归的 R^2 值		0.0896			0.1409			0.3586	

资料来源：Prager and Hannan（1998）。

注释：具有稳健标准差的 OLS 检验；因变量为 $Ratchg_{it}$。

[1] 每个回归方程包括 33 个月的指标和 25 个加权的兼并指标（I［t=m］），对于从 2 到 34 的 m 值，以及 I［在 t−n 月宣布兼并的银行 i］，n=−12，…，0，…，12）。

为节省空间，这些指标的系数没有在此列出。

[2] 此处所采用的估计方法存在同一州内部观测值之间误差相关的可能性。

在最近的一篇论文中，Focarelli 和 Panetta（2003）研究了1990年到1998年间意大利的银行业兼并及其对存款利率的影响。与Kim和Singal（1993）、Prager 和 Hannan（1998）的研究类似，Focarelli和Panetta分别考察了公告期（他们称之为“过渡期”）与完成期的情况，但与上述研究不同的是，在考察完成期情况时，他们分析了兼并后一段更长的时期（他们对每项兼并影响的考察都截止到样本期结束）。他们认为，兼并的效率得以实现需要一段较长的时期。与Kim和Singal的研究类似，在公告期或过渡期，他们发现了市场力量效应的证据，因为存款利率在这一期间有所降低。但是，从长期来看，他们发现这些兼并提高了存款利率。因此，在这个案例中，与兼并相关的效率改进所带来的价格削减效应似乎超过了市场力量增加所导致的价格上升效应。

最近还有一些文献围绕那些可以获得价格数据的产业进行了类似研究。Hosken 和 Taylor（2004）研究了1997年一个合资企业的影响，该企业合并了 Marathon 和 Ashland 石油公司的炼油与加油站零售业务。他们特别研究了肯塔基州的路易斯维尔市的零售与批发价的变化情况，上述兼并使该市的市场集中度显著提高（批发价赫芬达尔—赫希曼指数由1 447 增加到2 263；零售价格指数的增长超过了250，最终落在1 500 和1 600 之间）。他们得出结论认为，没有证据表明兼并引起了零售或批发价格的增长。[①] 相反，Hastings（2004）的研究发现，ARCO公司1997年通过长期租约从一个没有注册商标的零售商 Thrifty 公司处收购了260家加油站后，竞争对手的价格的确上涨了。Vita 和 Sacher（2001）证明1990年加利弗尼亚的圣克鲁兹市仅有的两家医院的兼并使价格大幅度上升。这项兼并中实施兼并的医院是一家非营利医院。受政府数据披露规定的约束，在医院市场中也能够获得一些公开的数据，因此，该市场也成为一些其他研究评估兼并的价格与服务效应的研究对象，参见 Pautler（2003）。[②]

① 在兼并15个月以后，批发价的确有了显著上升，但是作者认为这是不相关的供给冲击的结果。

② 在一个稍早的研究中，Barton 和 Sherman（1984）证明了价格的变化，这一变化是由一个生产两种类型缩微胶片的制造商在1976年和1979年分别收购了它的两个竞争对手而引起的。他们提供了与兼并导致价格上升相一致的证据。他们所用的数据来源于1981年FTC为试图撤销这一兼并所搜集的反垄断诉讼资料。

上述研究对观察到的价格变化做出了解释，对这些解释有一个很重要的方面需要注意：自始至终，我们都假定产品本身没有发生变化。对价格上涨或下降的另一种替代解释可能是：兼并导致了兼并企业的产品质量变化。因此，价格上涨反映的可能不是市场力量的增强，而是产品质量的改进；相应地，价格下降反映的不是成本减少，而是产品质量下降。这就是说，我们讨论过的许多论文证明作者对其论文结论所做的部分（如果不是全部的话）解释是发人深省的。例如，Kim 与 Singal（1993）所研究的公告期的价格上涨不太可能源于质量改进。类似地，Focarelli 与 Panetta（2003）的研究明确检验并拒绝了如下假设：所论证的兼并银行的利率长期上涨源于服务质量的下降。

综上所述，对兼并的价格效应进行考察的文献表明，兼并可导致价格上升或下降，与我们所讨论的市场力量与效率权衡这一主要理论内容是一致的。也有一些证据表明较为重大的兼并更可能引起价格的上升。遗憾的是，运用兼并后的证据来评价预期兼并分析的各种方法还存在很大的局限性。

效率

类似于对兼并的价格效应的分析，对横向兼并的生产效率效应进行检验的研究也非常匮乏。实际上，这方面的研究证据更少。考察兼并的效率效应的大部分工作都是针对兼并的总体情况，而不是专门关注于横向兼并的。通常，全部兼并和其中的横向兼并对效率的影响不一定是相同的。一方面，当兼并企业属于同一产业时，就可能存在产生协同效应的较大潜力；另一方面，由于横向兼并可能增强市场力量，因此，即使导致效率下降的横向兼并对兼并企业来说也可能是有利可图的。①

从总体上分析兼并效果的研究通常会发现兼并的效果相差悬殊。某些兼并效果很好，其他的则很差。② 同时，平均效应对研究的观测

---

① 兼并后出现较强协同效应的原因之一可能是收购企业的管理者对被收购企业的业务更为熟悉。例如，参见 Kaplan、Mitchell 和 Wruck（2000）。

② 这也与对股票价格收益所做的事件研究分析得出的结论相一致，事件研究反映了市场在评估所公布的兼并方面存在巨大差异。同时，就像 Kaplan（2000）所做的案例研究那样，兼并绩效可能与市场最初预测有着巨大差异。

期以及所使用的特定兼并样本很敏感。对兼并后的绩效进行分析的最著名的研究或许当属 Ravenscraft 和 Scherer（1987）的研究，该研究利用 FTC 的商业序列数据（只收集了 1974 年至 1976 年三年的数据）证明了兼并所涉及业务的利润在兼并后出现剧烈下降，而这些业务在兼并前通常是非常成功的。但是，Ravenscraft 和 Scherer 的样本大部分来自于 20 世纪 60 年代的混合兼并浪潮。两项不同的研究（Lichtenberg 和 Siegel（1987），McGuckin 和 Nguyen（1995））对这次混合兼并浪潮过后几年的数据进行了检验。Lichtenberg 和 Siegel 利用普查局 1972 年到 1981 年的纵向企业数据（LED）分析了所有权变化对全要素生产率的影响，全要素生产率的统计估计是基于工厂层次而做出的（在两位作者的研究中，全要素生产率大部分是通过计算柯布—道格拉斯生产函数的残差而估计出来的）。从表 3—8 可见，（“t 年”代表的是兼并的年份），与 Ravenscraft 和 Scherer 的研究结论相反，Lichtenberg 和 Siegel 发现，被兼并的工厂在兼并前的生产率要低于行业平均水平，但是在兼并后，生产率有所提高，几乎达到兼并后行业的平均水平。这种差异可能反映出 Ravenscraft 和 Scherer 使用了低效率的混合兼并作为样本所导致的问题。

但是，LED 数据库主要包括了大工厂的数据。McGuckin 和 Nguyen（1995）则利用普查局 1977 年到 1987 年的纵向研究数据（LRD）对同样的问题进行了研究。他们把注意力限于 1977 年到 1982 年之间的兼并，并集中研究食品制造业（标准产业分类码为 20）的兼并。相对于 Lichtenberg 和 Siegel 的分析，这一研究的样本包含了更多的小工厂，同时也包含了仅在样本期部分时间段经营的工厂（“非均衡的面板数据”），而 Lichtenberg 和 Siegel 采用的是均衡的面板数据（均衡的面板数据可能加大选择偏差）。然而，在该研究的主体内容中，McGuckin 和 Nguyen 没有采用全要素生产率，而是采用劳动生产率（劳动的平均产出除以行业的平均产出），后者会受到投入品组合比例变化的影响。与 Lichtenberg 和 Siegel 的研究结论不同，McGuckin 和 Nguyen 发现被兼并的工厂在兼并前具有高于平均水平的生产率，尽管他们发现当把研究对象限于诸如 Lichtenberg 和 Siegel 所研究的大工厂时，这一结论并不成立。与 Lichtenberg 和 Siegel 的研究类似，他们发现生产率在兼并后有所提高。

表3—8　在t年调整和未调整所有权的工厂生产率平均值的差异

年份	生产率水平（残差）[a]
t−7	−2.6
	(4.00)
t−6	−3.0
	(5.06)
t−5	−3.4
	(6.50)
t−4	−3.3
	(6.77)
t−3	−3.3
	(7.40)
t−2	−3.6
	(8.71)
t−1	−3.7
	(9.59)
t	−3.9
	(9.10)
t+1	−2.9
	(6.06)
t+2	−2.7
	(6.00)
t+3	−2.5
	(4.97)
t+4	−1.9
	(3.52)
t+5	−1.9
	(3.23)
t+6	−1.8
	(2.57)
t+7	−1.2
	(1.16)

资料来源：Lichtenberg and Siegel（1987）。

[a] 括号中的数据为t统计值，用于检验 H_0：差异为0。

令人遗憾的是，在对兼并的生产率效应进行估计时，上述所有研究都没有注意内生性或是变量选择问题，而我们知道这会严重影响生产率估计的结果（见 Olley 和 Pakes（1996））。此外，这些研究也都没有单独考虑横向兼并的影响。事实上，我们更想了解，在已知结构特征属性（例如，市场力量提高的潜力）的条件下，横向兼并会如何影响生产率。

一项明确考察横向兼并效率效应的研究是 Pensendorfer（2003）的研究，该研究关注 20 世纪 80 年代中期造纸业出现的横向兼并浪潮。Pesendorfer 没有直接去估计生产率，而是利用企业的生产能力选择数据去推测兼并前和兼并后的生产率（正如我们在 3.4 和 3.5 节第一部分所讨论的，他从生产能力选择的类似古诺模型的一阶条件推导出边际成本）。这是一个有趣的想法，但不幸的是，该研究所做的分析不是完全令人信服的。①

总之，关于横向兼并效率效应的证据在此方面几乎未提供什么明确的指导。但是，有理由相信，不久后我们就会了解得更多。在最近的研究中，最有影响的是 Olley 和 Pakes（1996）的研究，已经极大地提高了我们对生产率效应进行估计的能力（也可见 Levinsohn 和 Petrin（2003））。对横向兼并的生产率效应进行检验似乎是本领域中一个“自然而然”（且有极高价值）的研究方向。

① 这是由于以下几方面原因。首先，尽管投资选择很可能受动态因素的影响，但该研究所选用的投资一阶条件却完全是静态的。其次，他的分析过程依赖于一个假定的投资成本函数（如果掌握了面板数据的话，那么这种处理就是不必要的）。最后，我们无法区分出他所推导出的边际成本的变化是反映了工厂的边际成本曲线本身的移动，还是反映了沿着不变的边际成本曲线所发生的移动。

第4章

纵向排他性合约

4.1 引言

本章将研究重点由横向协议转向纵向协议。所谓“纵向”，这里指的是协议双方处于产销链的不同阶段。比方说，纵向协议的双方可以是机械制造商与其产品客户，也可以是分销商与当地零售商。此外，销售互补品的两个卖者之间虽然不是严格意义上的“纵向”关系（这里，某种互补品的生产商可以视为另一方的供应商），但这些原理同样适用。

一般认为，反竞争的横向协议旨在实现广义的串谋，而在这里，我所关注的重点是纵向协议或纵向合约中的排他性问题。在美国的反垄断法和相关话题中，纵向排他性合约（exclusionary vertical contract）历来就是有争议性的问题。在20世纪的大部分时间里，美国法院对于诸如独家交易、纵向兼并和捆绑销售等做法总是抱有敌意，他们担心这些做法将排挤竞争对手，继而削弱竞争。但20世纪50年代以来，这样的观点开始遭到许多学者的猛烈抨击，最早可以追溯至与Aaron Director有关的芝加哥大学口头论战（参见Director和Levy（1956），Posner（1976），Bork（1978））。在每个案例中，这种抨击都从两个方面展开。其一，利用简单的价格理论或垄断模型，芝加哥学派认为传统观点显然是不合逻辑的：理性企业不会出于反竞争的原因而采取这些做法。其二，他们提出了其他提高效率的理由，以解释企业为什么会签订这些合约。芝加哥学派的观点有极大的影响力，对法院裁决这类案件产生了持续而显著的影响（从思想史的角度看，这是一个不错的例子，它体现了理论模型的威力：芝加哥学派建立了模型，而他们的争论对手却没有模型）。

从20世纪80年代中期开始，随着博弈论向产业组织理论的不断渗透，研究者开始正式构建寡头垄断市场模型。借助正式的理论模型，产业组织领域的许多老问题被重新提及，其中就有一些是关于纵向排他性合约的。通过运用博弈论模型，研究者发现美国联邦法院当初的担心并非毫无道理。在特定的模型中，理性厂商在某些条件下的确会利用这样的合约来排挤对手，削弱竞争。

本章将对这一主题进行简单的介绍，但重点与第2和第3章有很大的差别。与价格操纵和横向兼并不同的是，纵向排他性合约是反垄断领域中最有争议的部分之一。而且，正是在这方面，新的理论进展尚未得到人们的普遍理解，并缺乏足够的令人信服的经验证据。就此，本章主要阐述这些理论模型及其内涵。

这里重点讨论的是一种特殊的纵向排他性合约，即独家交易（exclusive contracts）。独家交易指的是合约的一方在某些业务上仅仅与另一方进行交易。从某种意义上说，这种合约是一种最纯粹的纵向排他性合约形式。其他类型的纵向排他性合约，如纵向兼并和捆绑销售，不仅思想与其一脉相承（如前所述），而且许多基本的经济原理也是相同的。①

许多著名的反垄断案例都体现出独家交易或各种纵向排他性行为

① Rey和Tirole（forth.）也对这一领域做过很好的介绍。对纵向兼并及捆绑销售做出过独创性贡献的分别是Ordover、Ssloner和Salop（1990）以及Whinston（1990），这里没有对他们进行讨论。欲了解更侧重于法学方面的讨论，见Krattenmaker和Salop（1986）。

的一般特征。比如，在最近的微软案例（253 F. 3d 34（2001））中，微软公司被控强迫电脑制造商、网络服务运营商以及软件生产商（至少部分地）排斥网景（Netscape）公司的领航员（Navigator）网络浏览器，以便扩大其自身的I.E. 浏览器的销量。① 目前独家交易问题依然是一个很活跃的领域。最近的相关案例还包括“U.S. 诉Visa. U.S.A.”案例（344 F. 3d 229（2003））。在该案中，Visa公司因其与银行签订禁止发行包括美国快递（American Express）和探索者（Discover）在内的竞争对手的信用卡而遭到攻击，而在“U.S. 诉. Dentsply”案例（399 F. 3d 191（2001））中，Dentsply公司作为义齿的主导生产商，因与牙科设备批发商签订独家交易合约并非法排斥竞争对手而遭到了指控。这样的例子还有“Conwood诉美国烟草公司”案例（290 F. 3d 768（2002）），在该案中，作为湿润型鼻烟主要生产商的美国烟草公司被控通过与零售商签订独家交易合约而非法排斥竞争对手。②

鉴于独家交易合约既可能导致反竞争的恶果，又可能带来提高效率的好处，美国法院在分析裁定独家交易案件时，采用的是合理推定原则。本章将讨论独家交易合约可能产生的两种效应，首先来研究独家交易的反竞争效应。

4.2 独家交易的传统学派和芝加哥学派观点

在20世纪的大多数时间里，美国法院在审判独家交易案件的时候，尽管采取的是合理推定原则，但在态度上却是严厉的。之所以会有这种态度，是因为他们担心独家交易会导致“市场圈占（market foreclosure）”，即排斥竞争对手继而形成垄断局面。在著名的美国Standard Fashion公司诉Magrane-Houston公司案（258 U.S. 346（1922））中，最主要的服装生产商Standard Fashion公司与波士顿著

① 微软案和这里所探讨的模型之间的一个差别在于：微软的市场力量并非来自于它在浏览器市场上的地位，而是来自于它的视窗操作系统。因此，这里的情况涉及把一种产品的市场力量扩张到另一种产品上的种种争议。另一个主要争议是微软把IE浏览器与视窗绑定在一起的问题。此案中更多有关独家交易和绑定（或捆绑）的作用问题，参见Whinston（2001）。

② 要大致了解1990年以前的起码已达到起诉条件的联邦排他性交易案的情况，请参见Frasco（1991）。

名的服装零售商 Magrane-Houston 公司签订销售合约，规定后者只能销售前者生产的服装，不能同时出售其他公司的服装。因担心这会将其竞争对手排挤出零售渠道，美国法院判定该合约无效，判决理由是：

“规定一个经销商只能销售某一服装生产商产品的限制势必会导致该单个服装生产商在这一社区中形成商务垄断，而这样的小社区数目可能成百上千，甚至成千上万。即便在大城市里，服装经销商仅限于经销一家服装生产商的产品，也会导致消费者受制于经销商，而消费者的购买会使得产品流行起来，所以，经销商可能会倾向于更进一步地促进与生产商的联合。因此，原告将很快占据大部分（甚至慢慢占据全部）的服装市场。”

毫无疑问，如果一个买方签订了一个独家交易合约，那么其他所有卖方都将受到排斥，再也无法争得到该买方的业务。但是，芝加哥学派对独家交易的批判集中在这种排他行为是否能够使卖方盈利。①针对 Standard Fashion 公司这一案例，Bork（1978，306－307）做出了如下评论（请注意：他既抨击了排他行为反竞争的观点，又提出了排他行为中蕴涵着增进效率的其他动机）：

Standard 可以按价格形式索取至少相当于价值的全部要价。当它不能向零售商收取全部要价时，可以利用零售商不愿承认的独家交易进行再次收取。假定 Standard 会犯重复计算的错误……独家交易已通过一定代价而购得，这意味着零售店对 Standard 提供的各种好处和专营 Standard 产品的弊端进行了比较。决定消费者福利的各项因素相互矛盾，零售店完全根据自身利益做出的决策必然反映了对这些因素的权衡……如果 Standard 觉得付出一定代价去签订独家交易合约是值得的……，其不是为了限制进入，而是为了一些更明智的目标，比如让分销商更努力销售等。

为了更好地从形式上理解上述观点，这里我们使用一个独家交易的简易模型：模型包括三方参与者，即买方（B）、在位卖方（incumbent seller，I）及潜在进入者（E）。起初，市场里没有潜在进入者，所以买方只能与在位卖方缔约。买方在价格为 p 时的需求为

① 虽然通常假定正是买方受到独家交易条款的制约，但是当一个卖方也受到同样束缚时，类似观点同样适用。

D（p），而卖方产品的单位成本是 c_I。潜在进入者在进入市场时必须承担进入成本 f（f>0）；如果潜在进入者承担了进入成本，那么，其边际成本为 c_E（$c_E<c_I$）。

“独家交易博弈”的顺序如下：首先，I 会向 B 提出签订独家交易合约，并将向 B 付款 t 作为对 B 签约的回报。其次，B 决定是否签约。再次，E 在观察 B 是否已经签署该独家合约后，决定是否进入市场（并承担进入成本 f）。最后，这两个卖方（I 和 E）都向 B 报价，B 再决定从谁那里购买以及按什么价格购买。①

简单起见，假定 E 进入市场，并以低于 c_I 的价格赢得了 B 的业务。从形式上看，如果 $p=c_I$ 满足 $\max_{p\leq c_I}(p-c_E)D(p)$，则这种假设就成为现实。② 最后，来关注这个有趣的情况：假如在不存在独家交易的情况下愿意进入，也就是说当 $(c_I-c_E)D(c_I)>f$ 时，E 愿意进入。当然，如果 E 不进入，I 将对 B 收取垄断价格 p^m 来满足 $\max_p(p-c)D(p)$。

在这种背景下，在位卖方通过支付足够的款项 t，肯定能够劝诱买方签订独家交易合约，从而实现垄断。但是，在位卖方这么做有利可图吗？芝加哥学派认为答案是否定的。原因在于 B 不会签署这种独家交易，并承诺以垄断价格购买，除非 I 补偿其损失的消费者剩余。毕竟，B 知道如果他不签约，他将得到竞争性的结果（即价格 c_I）。消费者剩余的损失额度是 $x^*=\int_{c_I}^{p^m}D(s)\,ds$，相当于图 4—1 中阴影的总面积。但是，I 如果向 B 支付同等数额的补偿，他将遭受损失，他从销售给 B 的业务中所获取的垄断利润 π^m 仅仅是图中的黑色部分，这小于所要求的补偿金额 x^*。恰恰是由于垄断定价中的净损失产生了这种差异，这样一来，即使 I 能够让 B 签约以此来排挤 E，但是他这么做是得不偿失的。

我们对 B 与 I 之间在博弈头两个阶段的谈判过程作了非常特别的

① 该结构蕴涵着两个假设。第一，当 B 与 I 进行初期缔约时，E 不可取代 I，也就是说 B 不可转而与 E 签约。比方说，E 的身份尚不为人知，或者，当时 E 还不是值得信赖的供货商。第二，尽管 B 与 I 签订排他性合约，但他们不直接对未来的商品交易进行约定。比如，B 所需要的商品的具体规格在这个时候尚不清楚（比如，参见 Grossman 和 Hart (1986)）。

② 当进入者的垄断利润 $(p-c_E)D(p)$ 在价格为 p 时是凹的，如果它的垄断价格高于 c_I，就是这种情形。

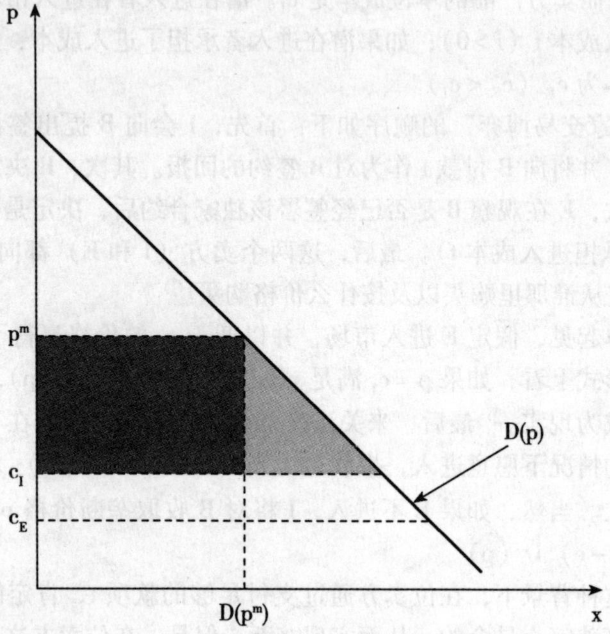

图 4—1　芝加哥学派的观点

假设（I 向 B 提出的是"要么接受，要么放弃"的要约），但其结论却比上述观点更具普遍意义。事实上，只要 B 和在完全信息情况下谈判，不管各自的谈判实力和地位对联合收益（joint payoff）的分割造成什么影响，它们有望达成一个联合收益最大化的协议。这体现了所谓的"双边缔约原则"：如果双方当事人①独立签约，②对相互之间的收益具备完全信息，并且③如果一次性转移支付（lump-sum transfers）是可能的，那么，它们将达成联合收益最大化的协议。如果进行独家交易的话，B 和 I 的联合收益是 $\pi^m + \int_{c_I}^{\infty} D(s)\,ds - x^*$；如果不签，联合收益是 $\int_{c_I}^{\infty} D(s)$。由于 $\pi^m - x^* < 0$，所以，不签署独家交易合约从而允许潜在卖方进入，会使它们的联合收益实现最大化。

4.3 反竞争的排他性交易：先发优势模型

芝加哥学派的批评，虽然极具洞察力，但未免显得过于偏激。近些年，一些学者已经证明适当修正的芝加哥学派模型如何使独家交易成为排挤竞争对手的有利可图的策略。这些模型都具有这样一个特征，即双方所签署的独家交易合约对其他个体产生了某种外部性，并且这种外部性使得合约对签约各方都达到了最优。本节介绍两个反竞争的独家交易模型，在这些模型中，就像简单的芝加哥模型一样，在位卖方在潜在进入者进入市场之前能够与买方签约从而具有先发优势。

约定损失的局部排他

Aghion 和 Bolton（1987）率先建立了类似的模型。他们认为，买卖双方可以通过设定约定损失的条款来榨取潜在进入者的利润。基本观点是：买方和卖方可以通过约定损失来降低买方转向潜在进入者的意愿。这样一来，它们可以从战略上迫使进入者降低它提供给买方的价格，由此增加了买方和卖方的联合收益。损失条款往往还会导致低效率，因为损失条款具有排他性，这使得买方向进入者购买的频次少于社会效率所要求的频次。

为了理解 Aghion 和 Bolton 的观点，我们像前面一样假设有三个当事方：买方（B）、在位卖方（I）及潜在进入者（E）。假定 B 至多需要一个单位的商品，定价为 v。在位卖方和进入者的成本现在满足不等式（$c_I - c_E$）>f，于是，如果 B 和 I 没有签订合约，E 将再次进入。

对芝加哥学派模型的重要修改在于，现在 B 和 I 可以签订合约，明确商品价格 p 和损失赔偿 d（如果 B 转而购买了 E 的商品则 B 必须支付 d 给 I）。[①] 博弈的整个步骤与芝加哥学派的模型相似：首先，I 和 B 可以就签署含有价格与损失条款（p，d）的合约进行谈判。接下来的谈判过程我们将无法准确预知，只是假定符合上一节所讲的双边缔约原则。[②] 接着，E 决定是否进入（是否支付 f）。最后，如果 E

① 该合约实质上是一份期权合约，让 B 有权选择是以价格 p 购买，还是不购买而支付 d。

② 在最早的 Aghion 和 Bolton 的论文中，I 向 B 提出“要么接受，要么放弃”的要约。

进入，向B提供的价格是p_E，B再决定是否从I或E处购买；如果E不进入，B从I处购买（假定$p<v$）。

为了弄清明确规定价格与损失条款的能力如何发挥作用，从博弈的尾段开始分析，即B和I已经就条款（p，d）签订了一个合约，E进入了市场，提供的价格是p_E。在这种情况下，B到底从何处购买，就得比较在位卖方的价格p和从E处购买的总成本p_E+d。同样，我们可以认为B比较的是I的"有效价格"$p-d$（与不从I处购买相比较，从I处购买所增加的成本）和E的价格p_E。所以，如果$p_E \leqslant p-d$，B将从E处购买。这意味着，当且仅当$c_E \leqslant p-d$时，E把产品卖给B才是赢利的，其价格将定为$p_E=p-d$。①

现在，B和I签订哪种合约是最优选择就一目了然了。在以上情况下，可能的最大总剩余是$v-c_E-f$，这是E进入市场把产品卖给B时的总剩余。考察一个I的有效价格$p-d$等于（或略大于）c_E+f的合约。在这个有效价格水平上，E如果进入并以$p-d$的价格把产品销售给B，E基本不会亏损。所以，E如果这样做，则获取（实质上的）零利润。但是，这意味着与该合约相关的最大可能剩余得到实现，并全部为B和I共同获得，已无再改善的余地。

其结论在于，通过设定约定损失（以产生合适的有效价格），B和I能够获取E进入市场所产生的全部剩余。直观地看，合约通过设定一个较低的有效价格，使B在与E交易时处于强势谈判地位，从而迫使E如果想要进行销售的话，就必须降低其对B的报价（从合约不存在时的c_I降低至合约存在时的c_E+f）。

然而，至今还没有涉及其低效率问题，只是纯粹从E到B和I之间的一种剩余转移。但是，如果对模型稍做改动（就像Aghion和Bolton所做的那样），把不确定性引入到E的边际成本c_E上来，就产生了低效率的问题。来看一个简单的例子，假设$v=1$，$c=1/2$，且c_E在0和1之间均匀分布，再假设$f=0$。这样一来，只要$c_E<1/2$，E进行销售才符合社会效率的要求。不签订合约（这导致I和E之间出现伯川德定价博弈的情况），或者，签订一个满足$p-d=1/2$的合

① 事实上，这里对于E和B的行为来说唯一重要的是有效价格$p-d$。因此，如果它们（如我所假设的那样）签约的时候存在一次性预先转移支付的可能，B和I倒不如不规定约定损失额（即，设$d=0$）而只是在合约中规定价格p。

约，都可以实现这种情况。现在来考察B和I之间的最优合约。设$\Delta = p - d$表示该合约的有效价格，可以（通过双边缔约原则）选择Δ来实现双方联合收益的最大化：

$$\max_{\Delta} \Pr(c_E < \Delta)(v - \Delta) + \Pr(c_E \geqslant \Delta)(v - 1/2)$$

这里，$(v - \Delta)$是当E以价格Δ进行销售时B和I的联合收益，而$(v - 1/2)$是I转而销售给B时它们的联合收益。$\Pr(c_E < \Delta)$和$\Pr(c_E \geqslant \Delta)$分别是给定有效价格$\Delta$时这两个事件的概率。假定$c_E$是均匀分布，把这两个概率替换为数值，于是问题变为：

$$\max_{\Delta} \Delta(v - \Delta) + (1 - \Delta)(v - 1/2)$$

最优值出现在$\Delta^* = 1/4$的时候，这导致进入不足，低于社会效率所要求的进入水平（只有当$c_E < 1/4$，而非$c_E < 1/2$的时候，E才会进入市场并进行销售）。

直观上看，B和I可以联合起来，像垄断买者那样行事，利用合约来限定它们愿意从E处购进的价格（Δ）。像任何垄断买者一样，它们会针对从E处购买商品时必须支付的价格，权衡购买抉择，最终导致不从E处购买。

有关Aghion-Bolton模型还有两点值得注意。第一，其结果取决于B和I对遵守合约条款的承诺力度。如果一旦E进入，它们能够就相关条款重新谈判的话，其结果便难以定夺。在某些情况下，这完全可以使独家交易失去价值。比如，假定一旦E发出（要么接受，要么放弃的）要约，B和I可以无成本地就合约内容进行重新谈判。根据双边缔约原则，若给定E发出的要约，它们将达成一个有效的协议：当且仅当$p_E \leqslant c_I$时从E处购货。① 但是如果E预料到它们会重新谈判，它将置B和I之间已签订的合约于不顾而始终把价格固定在$p_E = c_I$的水平，那么，E的利润将不会受到任何损失（参见Spier和Whinston（1995））。②

---

① 如果当B违约时法庭要求它仅仅赔偿I的利润损失$p - c_I$，会得出相似的结论。在这种情况下，B将始终做出有效的违约决策。

② 在许多标准的多方参与谈判的解决方案中，比如the Shapley Value，B和I之间存在的合约将减少E的收益，增加B和I的联合利润。在这些谈判过程中，有（至少暗中有）这样一种可能性，即B和I不能够就合约进行再谈判，合约的再谈判可能不完美的另一个原因是在E进入后，B和I之间的信息不对称。尤其是，I将不能看到E向B提出的要约。在这种情况下，当B提议（比如说降低d）再谈判，I可能会表示怀疑，因为即便是B从E处接收到的要约价格小于$p - d$，B也有提议再谈判的动机（要了解有关信息不对称条件下再谈判的讨论，请参见Dewatripont（1988））。

第二，虽然 Aghion-Bolton 模型与芝加哥学派的结论形成了鲜明的对比，但它并不是一个解释具有独家交易特征的完全排他性行为的好模型。原因在于，Aghion-Bolton 模型的约定损失合约的全部意义在于榨取进入者 E 的利润。如果永不进入市场，便无利润可榨取。所以，如果我们想要解释独家交易的作用，就需要另辟蹊径。下一个模型正有此用。

买方间的外部性

为了构建一个出于反竞争动机而缔结独家交易的模型，我们要回到芝加哥学派的模型上来。在芝加哥模型中，B 坚持要对它的剩余损失进行补偿才愿意与 I 签订独家交易合约，而 I 满足这种要求又会陷入无利可图的境地。为 了改变这种结果，假设不止一个买方，而且潜在进入者存在规模经济（或许是进入成本所致），正如 Rasmussen、Ramseyer 和 Wiley（1991）模型以及 Segal 和 Whinston（2000a）模型一样[①]。在这种情况下，只有在足够数量的买方尚未签署独家交易的条件下，进入才会发生。这样一来，任何一个买方签订的合约降低了进入发生的可能性，都能对其他买方产生负外部性（从某种意义上说，对竞争的保护属于公共品）。显然，在这样的情况下，在位卖方会发现，诱使某个特定买主或一群买主签署独家交易合约是很值得的，它们可以不付代价地对其他买主进行垄断。更微妙的事实是，如果每个买方都预期总会有足够的其他买主签署合约，那么到头来，在位卖方甚至不需对任何买方进行补偿。

为了进一步说明这些观点，考察一个有三个买主的例子。假定每个买主的需求曲线都是 D(·)，I 和前面一样 c_I，E 的单位成本是 f > 0，的进入成本 $c_E < c_I$，边际成本。为论证方便起见，假设来自于任何单个买主的垄断利润是 $\pi^m = 9$，如果放弃竞争的话，每个买主的损失是 $x^* = 12$（所以，垄断定价导致的净损失是 3）。为了引入买方间的外部性，假定进入成本是 f，在这样一个水平上，有两个自由买主，E 就愿意承担 f 而进入市场：

① Aghion 和 Bolton（1987）也考察了一个多买方模型，并注意到买方间存在外部性。与 Rasmussen、Ramseyer，和 Wiley（1991）以及 Segal 和 Whinston（2000a）相反，他们假设 I 能够向买方提出依条件而定的要约，其条款直接取决于其他买方是否与 I 签订了合约。

$$2\ (c_I - c_E)\ D\ (c_I)\ > f >\ (c_I - c_E)\ D\ (c_I)$$

人们可以根据谁提出要约、要约顺序、合约是否可观察以及I能否通过为不同的买主提供不同的交易条件而对买主进行区分等因素来考虑一些可能的谈判过程。这里我们考察三种可能性。①

首先，假定I对三个买主同时发出了公开要约（即，所有买主都可得到要约），并无法做出区别对待。所以，I提出给每个买主支付相同的金额t作为签订独家交易合约的补偿，对于任何严格正的要约 $t<x^*$，有两种可能的均衡供买主选择。一种可能是无人签约：如果一个买主预期其他所有买主都会拒绝I的要约，它也会拒绝，因为它预料到E会进入，并且I提供的补偿会小于它从竞争中获得的利润 x^*。另一种可能是所有买主都签约：只要每一个买主都预期其他所有买主会签约，它就会推断，不管它如何决策，E都不会进入。这样一来，哪怕I仅仅提供1美分的补偿，买主将会完全接受。于是出现了另一种均衡：I让每一个买主都无偿签约（或者，当然可以象征性地支付一点点补偿）。

这样一来，理性的在位卖方就有可能利用独家交易来实现反竞争的目的。人们也许会担心这个结果并不稳定，因为它是建立在买主们未能进行合作的基础之上的；只要买方合作，对它们来说就可以实现帕累托最优均衡（所有买主都拒绝I的要约）。然而，一旦I能够在买方之间实行区别待遇，利用独家交易来实现反竞争的目的就变成一种更加势所必然的现象。为了理解这一点，假定I能够对各家买主同时发出有区别的要约。然后，在这个例子中，I将一直排挤E。尤其是，如果I为三个买主中的两个提供的补偿略多于12，即 $t=12+\varepsilon$（也就是在12的基础上再加“一美分”），那么，它们就会不顾及其他买主的行为而签约（它们得到的补偿额度要严格大于从竞争中失去的价值）。通过这种手段，I从三个买主那里获得垄断利润，而仅仅补偿了其中两家的剩余损失，I从排他行为中获得的净收益是 $3\ (9)\ -2\ (12)\ =3>0$。在位卖方利用买方之间的负外部性，能

① 这是三个特殊的具有外部性的多边缔约模型（例见，Segal（1999）及Segal和Whinston（2003））。在每个模型里，正如Rasmussen、Ramseyer和Wiley（1991）及Segal和Whinston（2000a）在论文中所假设的那样，合约都是公开可见的。也可以设想一下合约只能私下里看到的情形，4.4节里的模型便是如此。

够对买主“分而治之”。

事实上，在位卖方如此行事的能力甚至远远被低估了。相反地，假设I按照先后次序来对付各家买主：先对买家1，再对买家2，最后对买家3提出要约。请注意：首先，根据上一段的逻辑，如果买家1拒绝了I的要约，那么I就会觉得拉拢买家2和买家3签约是值得的。这样一来，买家1认识到即便它自己不签约的话，别人也会签约，所以它当然愿意签约，哪怕实际上是无偿签约。一旦买家1如此作为后，买家2发现自己处境一样：如果它拒绝I的要约，I就会支付12给买家3，从而从买家2和买家3那里各获得9个单位的垄断利润（卖主还从买家1那里获得垄断利润，因为买家1反正都已经签约）。所以，买家2也会无偿签约。在这个简单的例子中，结果是在位卖方不费成本地实施了排他行为。更一般地，在位卖方有能力按先后次序应对各买主，这既降低了成功实施排他行为的成本，又提高了在位卖方认为排他行为是有利可图的期望。[①] 事实上，随着对称买主（symmetric buyers）的数量越来越大，使得单个买主在总需求中只占很小的份额，所以在位卖方必然能够无成本地实施排他行为（参见Segal和Whinston（2000a））。

所以，一旦存在多个买方，理性的在位卖方就会通过独家交易进行排他行为来实现其利润最大化。

关于上述结论有几点值得注意。第一，导致该结论成立的关键因素是存在规模经济，这种规模经济使得潜在进入者为了某个买主而进入市场的决策取决于是否可以获得其他买主的业务。这表明，如果认为在某种背景中独家交易损害了竞争，那么，E在这种背景中存在规模经济应该是核心的实际问题之一。然而，为了实现排他效应，规模经济不必以进入成本的形式出现。比如，代之以源于网络外部性的需求方的规模经济，也能达到同样的效果。同样地，以成本为基础的规模经济在这里可能不采取那么极端的形式。比如，当潜在进入者预期销售量越低时，其最优成本水平也会越低，那么，可能会在降低成本

① 比如，如果 $\pi^m=7$ 和 $x^*=12$（I仍然需要与两个买方签约以排挤E），那么I就不能通过同时发出要约而实施有利可图的排挤，但是可以通过先后发出要约以12的成本实现排挤（I以向买方1提供12的支付额度与之签约，然后就可以与买方2和买方3无偿签约）。

方面进行更为持续的投资（进入成本只不过是一种极端形式，在这种情况下，支付金额 f 以降低边际成本，使之从无穷大降低至 c_E）。①

第二，买主在该模型中是对称的。如果买主们的规模不是对称的，那么可以预期到的是不同规模的买主将从在位卖方那里获得不同的要约。特别是那些大型买主，它们是有利可图的排他行为能否得以实施的关键，所以，与小型买主相比，它们将得到更优厚的要约条件。

第三，在该模型中只有一次进入的可能性。在现实中，进入问题可能是持续性的。要持续成功实施排他行为，在位卖方需要确保自由买主的数量在任何时候都很小。这将包括，如果在位卖方的独家交易有持续时间的限制，则在位卖方将把合约的终止日期错开。把终止日期错开，任何时点上自由客户的数量和合约期限是负相关的：期限越长，任何时候到期续约的合约数量就越少。②

第四，有人也许会问：如果买主们不是最终客户而是相互竞争的企业，该结论会受到怎样的影响。买主之间的竞争对于排他行为是否有利可图有两种相反的影响。第一，独家交易会减少自由买主的数量，而一定数量的买主是 E 进入市场后有利可图所必需的。比如，如果买主们是完全同质的零售商，那么 E 仅仅需要接洽上一个零售商就可以服务于整个市场。第二，它改变了买主因放弃竞争而遭致的损失预期。比如，零售商可能会通过降低部分或全部要素的价格来弥补损失，这样它们可能不会觉得签订阻止进入的独家交易有什么损失。

举一个能反映这两种效应的例子。假定完全相同的零售商的数目 $N\geqslant 2$，并且简单起见，它们除了承担要素购置成本外，不存在边际成本。视 $D(\cdot)$ 为总需求函数。如果 E 不进入，那么所有零售商都是零利润的，因为 I 会把对每个零售商的要素价格定在垄断水平上，垄断价格 p^m 满足 $\max_p (p-c_I) D(p)$。如果 E 进入市场，且至少有两个自由零售商，那么对所有的自由零售商来说，E 制定的要素价格水平将满足 $\max_{p\leqslant c_I} (p-c_E) D(p)$。这些零售商将完全在市场内进

① 参见 Stefanadis（1997）。
② 该策略要获得持续的成功还取决于 E 在进入之前不能与买方就未来销售业务签订合约。

行销售（被俘获的零售商将在市场外定价），从而再次陷入零利润状态。最后，如果 E 进入但只有一个自由零售商，该零售商将获得正利润。如果 E 的成本优势（$c_I - c_E$）很微弱的话，E 将使要素价格等于 c_I，这样该零售商也只能挣得零利润。然而，如果 E 的成本优势很明显而且在 $p = c_I$ 时需求富有弹性，那么，E 将把要素价格定在 c_I 以下，从而该自由零售商将挣得严格为正的利润 $\pi_R^* > 0$。

现在来考察一下在博弈初期阶段签订独家交易合约的结果。当零售商无论怎样只能挣得零利润的时候，I 就能和每个零售商无偿签约。零售商们不在乎最终消费者的利益，而只是注意到它们自身无法从竞争中获益。在这种情况下，买方之间的竞争使得排他行为更容易发生。另一方面，如果 E 提供给单个零售商的价格低于 c_I，如果 E 能从这种价格中获取足够的利润来弥补其固定的进入成本 f，那么 I 为了排挤 E，就需要给每个零售商支付 π_R^*。这样，如果零售商数目 N 足够大，这对 I 来说是无利可图的。在这种情况下，买主之间的竞争使得排他行为更难以发生。①

第五，人们也许想知道，在有可能签订包含约定损失条款的独家交易合约的情况下，会出现什么结果呢？在这种情况下，在位卖方面临着选择：正如 Aghion-Bolton（1987）模型讨论的那样，是签订独家交易合约从而利用缔约外部性来排挤 E 呢，还是允许 E 进入，但利用约定损失来榨取 E 的利润呢？在特定条件下，任何选择都能成为最佳选择（参见 Segal 和 Whinston（2000a））。

第六，一旦考虑到合约可以明确规定交易条件，人们或许会考虑定量合约（fixed-quantity contracts，明确规定一笔未来的交易并限定价格）作为一种排他手段，能在多大程度上取代独家交易的问题。比方说，如果我们想知道一家被禁止签订独家交易合约的公司是否能轻而易举地利用数量合约来达到同样的目的，问题就变得有些关联了。事实上，在上一个模型中，如果允许数量合约的存在，谋求阻止进入的在位卖方将更乐于与买主们签订长期的数量合约，因为定量合

① Fumagalli 和 Motta（2003）讨论了竞争对所需要排挤的买方数量的影响。Simpson 和 Wickelgren（2004）讨论的是"通过效应（pass-through effect）"。Stefanadis（1998）还研究了一个买方相互竞争的模型，但他的假设是：I 的合约能规定一个买方可以实施购买但不包括一次性支付的线性批发价格。

约同样可以起到排挤的作用却不会产生垄断定价的净损失。在这种情况下，数量契合在阻止进入方面要优于独家交易。

然而，情况并不总是这样。在直观意义上，想想你家附近的超级市场吧。如果马铃薯片制造商试图利用数量合约（直接购买商场货架的合约）把竞争对手排挤出商场，那么它将不得不从商场购买足够多的货架，结果导致商场中用来销售其他商品的剩余货架的边际价值相当高，足以使得其他马铃薯片生产商就算购买了货架也无利可图。购买的货架数量要多到具有排挤功效，就得占据商场货架很大份额，所以这种方式的代价不菲。相反，如果可以签订独家交易合约，当前生产厂商就不必购买额外的货架，只需对商场不销售其他厂商的马铃薯片做出补偿，而不是除此之外还另为商场失去销售其他产品的机会买单。

为了彻底弄清独家交易与数量合约之间产生这种差异的根源，我们来看一个简单的模型。假定 E 在生产成本方面并无优势可言，只是产品质量更好。特别地，假设 I 和 E 的边际成本均为 c，但是 I 的产品对市场上 N 个买主中的任何人（每个买主至多希望得到一个单位的产品）来说价值为 v，而 E 的产品价值为 $v+\Delta$（$\Delta>0$）。如果 $N(\Delta-c)-f>0$，即便消费者已经承诺购买 I 的产品，但是每个消费者将愿意支付 Δ 来购买一个单位 E 的产品，于是数量合约将无法阻止 E 的进入。另一方面，独家交易将会阻止买主们实施这种行为。下一节将继续介绍有关独家交易和数量合约之差异的其他例子。

第七，成功的排他行为将如何影响福利呢？在当前模型里，通过假定 $3(c_I-c_E)>f$，E 进入市场是有效率的。于是，阻止进入降低了总剩余。更一般的，在这个模型中，E 的利润刚好等于它对总剩余所贡献的增加值，所以它的进入决策是符合社会效率要求的最优决策。然而，这并不是一个稳健的结果。在具有规模经济效应的双寡头垄断市场里，进入者的进入动机会很强大，原因在于它们的部分利润似乎来自于对现有企业的“商业窃取”（比如，参见 Mankiw 和 Whinston（1986））。由于存在这种可能性，人们大体上不清楚排他行为的福利经济效应，这是个令人不安而又仍然很重要的事实。[①]实际

① 不仅在纵向排他性合约方面，而且在诸如掠夺性定价之类的单边排他行为方面，情况都是如此。

上，这些文献虽然得出了与福利密切相关的结论，但是它们是在严格假设前提下才得出的，比如不存在固定成本和伯川德进入后定价（Bertrand postentry pricing）等。[①]

第八，该模型为我们提供了第一例表明缔约外部性产生于各缔约方之间的模型。在这个模型里，I 和三个买主没有通过缔结独家交易来实现联合收益最大化（如果缔结独家交易，联合收益将减少 $3x^*$）。假如它们之间签订一个单独的多边合约（如同“科斯式的谈判（Coasian bargaining）”一样），也会实现这个结果（推理过程与双边缔约原则相似）。但是，这里的合约是一对代理人之间签署的双边合约，I 与一个买主之间的合约对其他买主产生了外部性。这些外部性导致的结果是各缔约方未能实现联合收益的最大化。Segal（1999）对这种缔约外部性进行了富有启发性的讨论。在下一节，我们要研究几个企业为与买主或供应商缔结独家交易而展开竞争的情况，这些外部性将发挥重要作用。

4.4 反竞争的排他性交易：为签订独家合约而竞争

在刚研究过的先发优势模型里，只有在位卖方才能发动买主们签订独家合约。然而，在真实市场（和许多反垄断案例）中，经常存在许多竞争者，它们试图保护排他性交易。本节考察反竞争的独家交易在这一背景下出现的潜在可能性。这里的讨论稍微有些难度，部分读者可以直接跳过本节而阅读 4.5 节。

和先发优势模型一样，缔约外部性的存在在讨论中起到核心作用。但是，在我们这里所研究的模型中，同时存在两种缔约外部性。第一种是对并未参与缔约过程的各方的外部性，这与 Aghion-Bolton（1987）模型中的情况一样。第二种是基于合约是双边这一事实而产生于各缔约参与方之间的外部性，这与 Rasmussen、Ramseyer 和 Wiley（1991）模型以及 Segal 和 Whinston（2000a）模型中的情况相同。

① 比如，回到进入成本不确定的 Aghion-Bolton 模型，我们在福利方面得到的有效结论来自于伯川德进入后定价的假设。

更具体而言，这些模型具有以下主要思想：

1. 在这些模型里，有一些“局外人（outside parties）”，他们虽不参与缔约过程，但可能从一些缔约参与方之间的竞争中渔利。最终消费者就是一例：他们并未参与到制造商和零售商的缔约过程当中，但却从加剧的零售业竞争中获益。再比如，正在与一家当地零售商进行谈判的生产商们可能会在另一个零售市场或要素市场上展开竞争。这种竞争越激烈，则其他市场上的参与者的境况就越好。

2. 在这些模型里，如果各缔约参与方能够限定局外人所面对的竞争水平，那么他们的联合收益就会增多。倘若缔约各方为实现联合收益最大化而签订一个多边合约，那么这个合约应该是削弱竞争的。例如，对下游零售商竞相提高零售价的行为进行限制，可以提高上游制造商和下游零售商的联合利润。同样地，如果生产商和当地零售商削弱其他市场上生产商之间的竞争，它们的联合利润会更大。

3. 如果没有签署多边合约的能力，而通过签订简单的销售合约，各缔约参与方之间的缔约外部性就可以阻碍它们实现联合利润最大化。要是这样的话，独家交易——消除了缔约外部性将会是实现这一目标的次优方案。以上第1、2点使各缔约方彼此就具有排他性动机。最后这一点（回到4.3节所讨论的主题了）表明了为什么单一的数量合约在实现排他性目的方面是不充分的，因此，独家交易是必要的。这是最难懂的一部分，我将展开详细讨论。比方说，当一家上游生产商通过下游零售商进行销售时，它们共同的动机在于实行垄断零售价格，这是通过生产商向某一下游零售商出售垄断数量的商品来实现的。但是，如果没有签订独家交易合约，该生产商会受到向其他零售商另行销售的诱惑，这些另行销售会对第一个零售商产生负外部性，而生产商将不会把这种负外部性内部化。如果它这样做，这另外的销售将破坏实现垄断零售价格的可能性。独家交易避免了生产商向其他零售商进行销售。

此时此刻，尽管所有这些因素可能并没有完全清楚，但很快就会真相大白。同样重要的是，正如我们在本节所研究的这些范例模型一样，要理解这些关键因素，就应该弄清楚是什么导致了这些模型的结果。通过弄清哪些是所需要的“因素”，对那些想要构建符合特定产业的排他性交易模型的人，也是有所裨益的。

在本节余下部分，将讨论三种情况，在这些情况下，各缔约方展开竞争，旨在签订独家交易合约来削弱竞争，该竞争对其他“局外人”是有利的。第一种情况是生产商承诺只通过一家零售商进行排他性销售，以此作为减少零售商竞争的手段；第二种情况是零售商承诺排他性地只经销一家生产商的产品，以此作为削弱生产商之间为争夺投入要素（inputs）而竞争的手段；第三种情况是当地零售商承诺排他性地只经销一家生产商的产品，以此作为削弱生产商在当地其他零售市场上竞争的手段。尽管这三种情况各有不同，但其中的基本经济力量是相同的，正好契合前面提及的三个主要思想。本节考察完这三个例子之后，最后将讨论缔约过程涉及多个买主和卖主的模型。

削弱零售竞争的独家交易

由于在 Hart 和 Tirole（1990）的模型中，独家交易被用来削弱零售竞争，我的讨论以这一模型为起点（也可参见 O'Brien 和 Shaffer（1992）以及 McAfee 和 Schwartz（1994））。[①]在这个模型中，某种产品只有一个上游生产商（M）和两个向消费者出售该产品的零售商（R_A 和 R_B）。该生产商以不变的单位成本 c_M 进行生产，而每个零售商 R_j 的单位成本 c_R（扣除从生产商那里购货的成本之后）也是恒定的。[②]

不签订独家交易合约的市场结果

暂时忽略签订独家交易合约的可能性。在这种情况下，缔约和竞争过程如下：首先，M 同时以（x_j，t_j）的形式向零售商 R_j 发出秘密要约，其中 x_j 和 t_j 分别是要约所规定的数量和需要的全部款额。“秘密”在这里是指每个零售商只能看到发给自己的要约。其次，零售商们同时宣布它们是否接受 M 的要约。拒绝接受的零售商将无货可售，赢利为零。最后，零售商之间展开竞争，采取的形式是同时数量选择博弈（simultaneous quantity-choice game），其中每个零售商将售

① Hart 和 Tirole（1990）主要关注的其实是纵向一体化，但是他们的模型可以直接应用于独家交易的研究，正如这里所做的。

② 有关规模报酬不变和两个零售商成本相同的假设与下面的结论无关，但是的确简化了叙述。另一方面，生产商规模收益不变的假设关系到下文我强加给信念的各种限制条件的吸引力。

罄所有购得的产品，并且价格使零售市场出清。通过对 Hart 和 Tirole（1990）模型中的构件进行归纳，我允许零售商是有差异的（或许地理位置就不一样），于是当可供零售的数量是 x_A 和 x_B 时，提供给 R_j 的价格是 p_j（x_A，x_B），则 R_j 的利润 π_j（x_A，x_B）$=$［p_j（x_A，x_B）$-c_R$］x_j 减去支付款项 t_j，而 M 的利润为 π_M（x_A，x_B）$\equiv t_A+t_B-c_M$（x_A+x_B）。图 4—2 描述了基本的缔约与竞争结构。生产商和两个零售商在圆圈之中表示它们参与到缔约过程当中，而消费者没有参与进去。

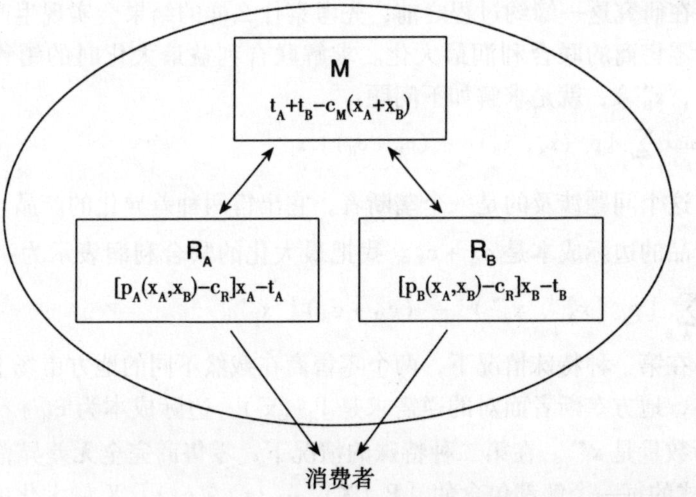

图 4—2 Hart-Tirole（1990）模型

在这个谈判过程中，是由 M 向两个零售商发出要约的，与由零售商向 M 发出要约的情况相比，这个过程并没有充分体现出“竞争者尽力获得排他性交易”这层意思。这里我依照 Hart-Tirole（1990）模型，认为是由 M 向零售商们发出要约的，这样讨论起来就容易得多。因为是由单独一方（这里是 M）向市场另一端的诸多其他方（这里指的是零售商们）发出要约，Segal 和 Whinston（2003）称其为要约博弈（offer game）。而另外，Bernheim 和 Whinston（1998）研究的是竞价博弈（bidding game），其中是由处于市场多端的各当事方同时向一个单独的当事方发出要约（竞价）（也可参见 Bernheim 和 Whinston（1986a，1986b））。正如随后我所讨论的，虽然过程不同，但结果相似。

下面我重点研究两种特殊的情况。在第一种情况下，两个零售商在截然不同的当地市场上销售产品。由于每个零售商 R_j 所面对的是与另一个零售者 R_{-j} 的销售水平不相关的逆需求，所以 $p_j(x_A, x_B) \equiv P_j(x_j)$。第二种情况是 Hart 和 Tirole（1990）研究过的另一个极端情况，其中两个零售商完全无差异，下游竞争是标准的古诺模型，满足 $p_1(x_A, x_B) = p_2(x_A, x_B) \equiv P(x_A + x_B)$，其中 $P(\cdot)$ 是市场逆需求函数。

在研究这一缔约过程之前，先考察什么样的结果会实现生产商和两个零售商的联合利润最大化。求解联合利益最大化时的销售水平 (x_A^{**}, x_B^{**})，就是求解如下问题：

$$\max_{x_A, x_B} \sum_{j=A,B} [p_j(x_A, x_B) - (c_M + c_R)]\, x_j \tag{4—1}$$

这个问题涉及的是一个垄断者，它出售两种差异化的产品，且每种产品的边际成本是 $c_M + c_R$。我把最大化的联合利润表示为：$\prod^{**} \equiv \sum_{j=A,B} [p_j(x_A^{**}, x_B^{**}) - (c_M + c_R)]\, x_j^{**}$。

在第一种特殊情况下，两个零售商在截然不同的地方市场上销售产品，地方垄断者面对的逆需求是 $P_j(x_j)$，边际成本为 $c_M + c_R$，其垄断数量是 x_j^{**}。在第二种特殊的情况下，零售商完全无差异，（4—1）式的每一个解都包含使 $[P(X) - (c_M + c_R)]X$ 最大化的总销售量 $X = x_1 + x_2$。我把这一联合垄断数量表示为 X^{**}。

接下来，如果只销售一种产品，则对联合利润最大化时每种产品的销售水平做出界定是有益的。对于产品 j（j = A，B）来说，销售量 x_j^e 满足：

$$\max_{x_j} [p_j(x_j, 0) - (c_M + c_R)]\, x_j \tag{4—2}$$

对于 j = A，B，都有 $\prod_j^e \equiv [p_j(x_j^e, 0) - (c_M + c_R)]\, x_j^e$，我用它来表示这一最大化的“排他的”联合利润。因为当仅有一家零售商销售该产品时可能会损失掉部分联合利润，所以要注意到 $\prod_j^e \leqslant \prod^{**}$。

现在我们来研究缔约过程所产生的结果。生产商和零售商们将会实现联合垄断利润 $\prod^{**}$ 吗？似乎只要存在一个上游垄断者，答案就是肯定的。但事实上，与秘密要约相关联的缔约外部性会导致相反的结论。缘由大抵如此：因为是秘密要约，生产商总是暗中向某零售商增加额外销售。而且，当存在外部性的时候，生产商将有按超出垄断水平进行销售的动机，因为它和它暗中销售的零售商不会在意这种额外销售带给其他零售商的负面影响。让我们更详细地讨论这一点。

由于是秘密要约，当零售商收到一个要约的时候，它必须针对另一个零售商在收到要约之后决定是否接受 M 的要约做出一番推测。这是因为零售商所接受的价格将会受到另一个零售商的购买量的影响。相关文献经常采用“被动信念（passive beliefs）”的假设：每个零售商 R_j 对另一个零售商 R_{-j} 所收到的要约都会有一个固定推测（$\bar{x}_{-j}$，$\bar{t}_{-j}$），也就是说，R_j 的推测不受 R_j 自己所收到的要约的影响。而且，在均衡状态下，每一个零售商 j 的固定推测一定是正确的：它一定与另一个零售商 -j 实际签订的合约是一致的。[①][②]

根据这种“被动信念”的假设，可对双边缔约原则进行如下拓展：在任何均衡下，每一个生产商—零售商组合，在给定 M 将和另一个零售商 R_{-j} 签约的情况下，将同意签订一个使它们的联合收益最大化的合约。究其原因，假定 M 欲与 R_{-j} 签订合约（$\bar{x}_{-j}$，$\bar{t}_{-j}$），如果 R_j 正确预料到这一点（并坚信不会改变），那么 R_j 将愿意支付其全部的预期利润［p_j（x_j，$\bar{x}_{-j}$）$-c_R$］x_j 来购买 x_j 单位的商品。M 认为它与 R_{-j} 的合约不会变动，它将选择一定的数量提供给 R_j 来实现自身利润的最大化。这个利润正好是 M 和 R_j 的联合利润，见下式：

$$
\begin{aligned}
t_j + \bar{t}_{-j} - c_M(x_j + \bar{x}_{-j}) &= [p_j(x_j, \bar{x}_{-j}) - c_R]x_j - c_M x_j + \bar{t}_{-j} - c_M \bar{x}_{-j} \\
&= \{[p_j(x_j, \bar{x}_{-j}) - (c_M + c_R)]x_j\} + \{\bar{t}_{-j} - c_M \bar{x}_{-j}\} \quad (4\text{—}3)
\end{aligned}
$$

以上 M 和 R_j 的联合利润由两项组成。第一项是第一个大括号，它

① 我们正研究的是对偏均衡路径信念（off-equilibrium path beliefs）有额外限制的完美贝叶斯弱均衡（例见 MasColell、Whinston 和 Green（1995））。

② 被动信念并不总是有意义的。比如，如果 M 不具备不变的规模报酬，那么它 R_{-j} 与的交易量就会受到它 R_j 与的交易量的影响。Segal 和 Winston（2003）描绘了没有被动信念假设的缔约均衡特征，通过把合约的范围扩展到允许期权合约（可供 M 选择），它们确定了存在缔约外部性时，对任何信念来说都可以排除联合利润最大化这个结论的条件。

是 M 和 R_j 的双边剩余，这一联合利润来源于在假设 $\bar{x}_{-j}$ 不变的情况下所交易的数量 x_j。第二个大括号是第二项，它是 M 从与 R_{-j} 的交易中所获得的利润。直观看来，由于 M 能够通过出售 x_j 单位的商品而榨取 R_j 的全部利润，它将选择 x_j 来使它和 R_j 的双边剩余最大化。这样，我们发现，在被动信念均衡里，M 与两个零售商的交易（x_A^* 和 x_B^*）一定使每一个生产商—零售商组合的双边剩余最大化（给定 M 与另一个零售商之间的交易）。这就告诉我们（x_A^* 和 x_B^*）一定满足：

$$x_A^* \text{ 满足} \max_{x_A} [p_A(x_A, x_B^*) - (c_M + c_R)] x_A \qquad (4\text{—}4)$$

$$x_B^* \text{ 满足} \max_{x_B} [p_B(x_A^*, x_B) - (c_M + c_R)] x_B \qquad (4\text{—}5)$$

如果我们所假设的是另一种情况，其中 M 不存在，R_1 和 R_2 像双寡头那样相互竞争，边际成本均为 $c_M + c_R$，条件（4—4）式和（4—5）式也恰好成立。其实，每一个生产商—零售商组合正像那些双寡头垄断者一样行动。这种结局下的联合利润是 $\hat{\prod} \equiv \sum_{j=A,B} [p_j(x_A^*, x_B^*) - (c_M + c_R)] x_j^*$。由于 M 对零售商们提出的是“要么接受，要么放弃”的要约，所以它攫取了全部利润。

为了理解这一结果的含义，先考虑零售商在截然不同的市场上进行销售的特殊情况。在这种情况下，条件（4—4）式和（4—5）式变为：

$$x_A^* \text{ 满足} \max_{x_A} [P_A(x_A) - (c_M + c_R)] x_A$$

$$x_B^* \text{ 满足} \max_{x_B} [P_B(x_B) - (c_M + c_R)] x_B$$

于是，该结果与联合垄断的结果相一致。原因在于参与缔约的各当事方之间不存在缔约外部性：每一个零售商的利润 $\pi_j(\cdot)$ 与 M 对其他零售商的销售业务不相关。这反映了一个普遍原理：当不存在缔约外部性的时候，双边缔约（对各缔约方来说）实现了联合利润最大化的结果。①

取而代之，假定各个零售商之间是无差异的。这样就出现了缔约外部性，因为 R_{-j} 从 M 处购买得越多，市场价格就越低，R_j 的利润就越少。在这种情况下，条件（4—4）式和（4—5）式变为：

① 事实上，对任何零售商可能持有的信念（不仅仅是被动信念）来说，结论都是这样，因为，不存在缔约外部性的时候，零售商愿意支付的数额与它的信念无关。

$$x_A^* \text{满足} \max_{x_A} \left[P_A \left(x_A + x_B^* \right) - \left(c_M + c_R \right) \right] x_A \quad (4\text{—}6)$$

$$x_B^* \text{满足} \max_{x_B} \left[P_B \left(x_A^* + x_B \right) - \left(c_M + c_R \right) \right] x_B$$

这恰恰是标准的古诺双寡头竞争条件，其中每个寡头的边际成本均为 $(c_M + c_R)$。

首先，让人感到奇怪的是，M 所获得的利润不会比古诺双寡头垄断利润更多。M 在博弈中提出了所有的要约，但它为什么不能轻而易举地获得垄断结果呢？原因在于，缔约外部性和秘密要约结合在一起，产生了承诺的问题，而这个问题阻止 M 获得垄断利润。

为弄清这一点，让我们尝试把垄断解作为一种可能的均衡，来看看问题出在哪里。假定 M 为了实现垄断利润，向 R_A 提出签订"垄断合约" $\hat{x}_A = X^{**}$，且 $\hat{t}_A = [P(X^{**}) - c_R] X^{**}$ 的要约，但对 R_B 未提出任何要约。也就是说，M 愿意向 R_A 销售正好是垄断数量的商品，而不向 R_B 进行销售，并且要求 R_A 支付由此而产生的全部利润。显然，如果这些是均衡要约，那么 R_A（起码）是愿意接受的。但是，这种以秘密要约与被动信念为条件的均衡是难以为继的。究其原因，假定 M 违背承诺而暗中向 R_B 销售了少量产品。具体地，假定 M 向 R_B 提出要约，签订 $\tilde{x}_B = \varepsilon$，且 $\tilde{t}_B = [P(X^{**} + \varepsilon) - c_R] \varepsilon$（$\varepsilon$ 数值不大，但大于0）的合约，那么，按照合约要求，如果 R_A 继续购买垄断数量 X^{**} 的话，R_B 须将其全部所得交付给 M，R_B 仍将愿意接受这一要约。而且，由于是秘密要约，R_A 对 M 的背信弃义一无所知，它将坚持接受签约。M 从这种背叛中获益了吗？M 从与 R_A 的交易中获得的净利润没有变化，但与 R_B 进行交易的净利润是：

$$\begin{aligned} \tilde{t}_B - c_M \varepsilon &= [P(X^{**} + \varepsilon) - c_R] \varepsilon - c_M \varepsilon \\ &= [P(X^{**} + \varepsilon) - (c_M + c_R)] \varepsilon \end{aligned} \quad (4\text{—}7)$$

由于 $P(X^{**}) - (c_M + c_R) > 0$（在垄断销售水平上价格大于边际成本），对于一个足够小的数量 ε，上述净利润必然是正的。于是，背叛行为提高了 M 的利润。事实上，因为要约都是秘密的，M 受到暗中向 R_B 进行销售的诱惑。[①]尽管这样一来，降低了 M 和两个零

① 正如所述，在当前模型里，如果 M 的要约换成了公开要约（如同 4.3 节里的多买方模型），那么联合利润最大化的结果就是可持续的。为讨论公开要约或秘密要约都不能实现联合利润最大化的一般条件，参见 Segal（1999）。

售商的联合利润，但是由于背叛行为对 R_A 具有负外部性，从而 M 的利润增加了。

在这一均衡里，M 凭借其有能力向零售商们提出“要么接受，要么放弃”的要约而攫取了全部利润。在别的谈判过程里，情况将不再如此，但是，在存在缔约外部性的时候，依然存在不能实现联合利润最大化的问题。比如，Bernheim 和 Whinston（1985，1986a，1986b，1998）以及 Segal 和 Whinston（2003，第七部分）就研究了另外一种谈判过程，其中，零售商们同时向 M 提出要约。在这种“竞价博弈”里，这些要约采用非线性支付计划表 t_j（x_j）的形式来表示每个零售商 j 为不同数量愿意支付的金额。按照这种谈判过程，如果不存在缔约外部性，双边缔约再次实现了联合利润最大化的结果；反之，则不能实现。然而，零售商们却获得了严格为正的利润。①②

可能签订独家交易合约的市场结果

现在我们研究 M 向零售商提出签订独家交易合约的可能性这个问题。从形式上看，有一份对合约内容（x，e，t）明确规定的合约，如果是独家交易，则 e = 1，如果不是，则 e = 0。M 可以选择向其中一个或两个零售商提供一份非独家交易，但是，它如果选择提供一份独家交易，则仅与其中一个零售商签订合约。

唯一的其他变化与信念有关。被动信念，作为对来自 M 的不曾预料到的要约的反应，目前在某些情况下已经没有任何意义。比如，如果 R_j 预计 R_{-j}会收到来自 M 的签约要约，M 发生背叛而向 R_j 提出签订独家交易合约，这时的被动信念就没有什么意义。同样，如果 R_j 预计到 R_{-j}会收到来自 M 的签订独家交易合约的要约，M 发生背

---

① 在 Berheim 和 Winston 的竞价博弈模型里，不存在缔约外部性的时候，利用“售空（sell-out）”合约可以维持联合利润最大化的结果。在这些合约里，每个零售商 j 向生产商提出一个形式为 t_j（x_j）$= F_j + P_j$（x_j）的非线性总额支付表，生产商可以从中选择销售额度。根据该表格，生产商选择的销售水平为（x_A^{**}，x_B^{**}）。把固定的转移额度 F_j 限定在这样一个水平，使生产者对是否接受 j 的要约觉得无关紧要，这使得每个零售商的利润恰好等于各自对三方联合利润的贡献增加值。

这个谈判过程有多个均衡是一种常态。Berheim 和 Winston 关注的是对零售商（先动者，率先提出要约）最佳的均衡。一般地，两种谈判过程都存在多种均衡。它们在要约博弈里出现，是因为明确规定有偏均衡路径信念的自由；在竞价博弈里出现，是因为明确规定有不被选择要约的自由。

② Berheim 和 Winston（1998，section（IVC））及 Segal 和 Winston（2003，section 7）把竞价博弈模型的特点归结为缔约外部性。

叛而向 R_j 提出签约要约的时候，被动信念也没有什么意义。接下来，我从两个方面对被动信念的假设进行修改：第一，假定当一个零售商收到签订独家交易合约要约的时候，它知道另一个零售商没有收到任何要约。第二，假定只要 R_j 得到的产品数量是均衡的非排他性的 x_j^*，它就相信 M 也给另一个零售商 R_{-j} 提供了均衡的非排他性数量 x_{-j}^*。①

首先请注意，当有可能签订独家交易合约的时候，如果 M 给 R_j 提供的独家交易满足 $x_j = x_j^e$，$t_j = [p_j(x_j^e, 0) - c_R] x_j^e$，那么，由于该合约带给 R_j 的实际收益为零（它把自己的利润全部支付给了 M)，它将愿意接受这一合约。这样一来，M 就能获取最大的排他性联合利润 $\prod_j^e$。其次请注意，如果存在一个没有签订独家交易合约的均衡，每一个 M/R_j 组合必须实现其双边剩余的最大化，那么如前所述，这要求交易数量为（x_A^*，x_B^*）并给 M 以 $\hat{\prod}$ 的利润。综合起来，所有这些事实直接表明，只要 $\prod_j^e > \max\{\prod_{-j}^e, \hat{\prod}\}$，均衡状态就要求 M 与 R_j 签订独家交易合约（交易量为 x_j^e）。

取而代之，假定 $\hat{\prod} > \max\{\prod_A^e, \prod_B^e\}$，没有独家交易的均衡状态的联合利润将大于任何独家交易所带来的联合利润。在这种情况下，均衡合约必须是非排他性的。为弄清这一点，请注意，根据我们对信念的假设，既然 M 能够通过背叛并向两个零售商提供交易量 x_A^* 和 x_B^* 的非独家交易而获得 $\hat{\prod}$（大于 $\prod_A^e$ 和 $\prod_B^e$），那么就不可能出现独家交易。

最后，如果 $\hat{\prod} = \max\{\prod_A^e, \prod_B^e\}$，那么，在均衡状态，独家交易和非独家交易均有可能出现。总结如下：

---

① 这里的第二个改动可能是一个强假设。不如此进行假设，将始终存在一个排他性均衡（或许还会出现一个非排他性均衡），因为，对于 M 给 R_j 的任何要约，R_j 都会相信 M 向 R_{-j} 销售了数量足够大的产品而拒绝 M 的要约。这与 Bernheim 和 Whinston（1998）的研究结果很相似：在他们的竞价模型里总是存在排他性均衡（不存在均衡精炼）。在竞价模型里，出现这种情况的原因在于：如果 R_{-j} 仅仅向 M 提出签订独家交易的要约，那么对 R_j 来说，最好的回应就是也这么做。于是在只发出独家交易要约的情况下，总是存在一种均衡。

在秘密要约（以及对信念的假设）的条件下，均衡合约是：

如果 $\hat{\prod}_j^e > \max\{\prod_{-j}^e, \hat{\prod}\}$：与 R_j 签订独家交易合约，且交易量为 x_j^e；

如果 $\hat{\prod} > \max\{\prod_A^e, \prod_B^e\}$：与两个零售商签订非独家交易合约，且交易量为（$x_A^*$，$x_B^*$）；

如果 $\hat{\prod} = \prod_j^e = \max\{\prod_A^e, \prod_B^e\}$：在均衡状态，独家交易（交易量为 x_j^e）和非独家交易（交易量分别为 x_A^* 和 x_B^*）都有可能出现。

所以，除考虑到非排他性缔约的无效率（从联合利润的角度看）情况以外，不管是独家交易还是非独家交易，均衡缔约结果均使各缔约方的联合利润实现最大化。直观上讲，由两个零售商来销售 M 的产品产生一定的利润，但当两个零售商都很积极时会产生源于缔约外部性的成本，这就要求对这两个方面进行权衡。实际上，当（x_A^{**}，$_B^{**}$）$\gg 0$ 时，要获得独家交易结果，缔约外部性的存在是必要的，因为不存在缔约外部性的时候，$\hat{\prod} = \prod^{**} > \max\{\prod_A^e, \prod_B^e\}$。

为了更具体地弄清这一结论的涵义，先来考察一下零售商在截然不同的市场上进行销售的情况。在这里，$\hat{\prod} = \prod_A^e + \prod_B^e = \prod^{**} > \max\{\prod_A^e, \prod_B^e\}$，这样我们将永远不会看到有人签订独家交易合约。直观地看，在这种情况下，非独家交易不会产生缔约外部性，所以一份独家交易的签订只不过损失了在其中一个市场上销售所获取的利润而已。

在另一个极端情况（Hart 和 Tirole）下，零售商完全无差异，$\prod_A^e = \prod_B^e = \prod^{**} > \hat{\prod}$，所以 M 总是愿意与任何一个零售商签订独家交易合约。直观地看，在这种情况下，通过单个的零售商进行销售并没有什么损失，而且独家交易还排除了缔约外部性。与禁止独家交易比较，独家交易导致更低的产出量（垄断产出量而非古诺双寡头的产出量）与更高的价格。事实上，必然更降低消费者剩余和总剩余。

对介于截然不同的当地市场和无差异的零售商这两个极端之间的情况，要么出现独家交易，要么出现非独家交易。至于到底出现什么结果，则取决于由两个零售商来销售时避免缔约外部性的收益和仅仅由一个零售商来进行销售时的收益之比较。

然而，应该注意到的是，在零售商无差异的情况下，具有很强的福利效应，这一结论赖以成立的前提是零售商无须承担固定成本。比如，假定每个零售商如果采取主动态势还得承担固定成本 f（$f>0$）。情况依然是这样：要达到联合利润最大化的结果，就必须排挤出一个零售商，因为对于 $j=A$，B，$\prod_j^e=\prod^{**}$ 仍然成立。但是，另外两个结论可能有所改变。第一，有时候，通过一份数量合约就可能持续产生排他效应，而不必明确规定排他条款。比如，一旦存在固定成本，（我们前面讨论过的）对联合垄断结果的稍微背离就不再有利可图，因为固定成本 f 大于对 R_B 进行少量销售时的收益。对 R_B 的任何有利可图的背离行为必须要求有一个较大的交易量（nontrivial quantity），不过这种有利可图的背离可能并不存在。于是，数量合约或许就是独家交易的完美替代品（相反，当 $f=0$ 时，该模型提供了另一个例子，其中独家交易在实施排他行为方面比数量合约更有效率）。在这种情况下，禁止签订独家交易合约对市场结果毫无影响。

第二个差异涉及禁止独家交易的福利效应。当市场没有出现独家交易，但依然要求 M 向两个零售商进行销售时，福利效应就会发生变化。在这种情况下，禁止独家交易照样会提高消费者剩余但是会降低总剩余。其原因（同样）是，在古诺零售竞争条件下，从社会角度来看，市场窃取可能会导致零售业的过度进入。①

稍作回顾会发现，我们一直关注的是 M 向零售商发出要约的情况。事实上，利用 Bernheim 和 Whinston（1986a，1998）的零售商发出要约的竞价博弈模型，我们完全可以得到出现独家交易时的相同的

① 举一个简单的例子，想象有三个消费者，每个至多只想得到一个单位的可分割商品。对两个消费者而言，商品价值为8，而对第三个消费者而言，商品价值为2。生产无成本，且进入成本为 $f=1$。在这种情况下，当允许独家交易时，单个的零售商出售了两个单位的商品；当禁止独家交易时，两个零售商出售了两个单位的商品。所以，禁止独家交易导致总剩余更低。

一般性特征，包括对 $\hat{\prod}$ 和 max $\{\prod_A^e, \prod_B^e\}$ 进行相同的比较。唯一的区别在于源于缔约外部性的损失程度（即 $\hat{\prod}$ 值）与 M 发出要约的情况有所不同。

最后，在这种模型里，独家交易产生反竞争效应不必要求很长的期限，这一点与先发优势模型的结论相反。其实，我们甚至可以想象每天早晨都要更新这些合约，但均衡结果不会改变。在接下来将要讨论的削弱要素市场竞争的独家交易模型中，情况也是如此。在许多独家交易情况下，这个问题比较重要。人们经常认为，短期独家交易不引起排挤的风险，所以为了促进竞争必须采用这类合约（将在 4.5 节讨论）。然而，在最近的 Dentsply 判决（399F. 3d 181（2005））中，美国第三上诉法庭认为义齿生产商 Dentsply 利用与牙齿批发商之间的独家交易排挤了作为竞争对手的生产商，从而做出了有利于政府的裁决。Dentsply 与批发商之间的独家交易是"自由随意"的，批发商可以随时和 Dentsply 解除合约，尽管以不再承销 Dentsply 的产品为代价。①

削弱要素市场竞争的独家交易

现在，我以 Bernheim 和 Whinston（1998）模型为基础建立一个模型，其中，独家交易被当作一种削弱要素市场竞争的手段。这时，与上一节比较，纵向结构颠倒过来：只有一个零售商（R）服务于当地市场，两个生产商（M_A 和 M_B）竞相向它销售产品。暂时仅仅关注这类市场会有助于讨论（后面将引入要素市场的竞争）。假定，两种产品的销售量为 x_A 和 x_B 时，零售商面对的逆需求是 $p_A(x_A, x_B)$ 和 $p_B(x_A, x_B)$。零售商的单位成本恒定，为 c_R。另一方面，生产商的单位成本也是恒定的，均为 c_M，见图 4—3。如前所述，圆圈之外表示消费者没参与到缔约过程之中。

Bernheim 和 Whinston 假定，针对合约的谈判要求 M_A 和 M_B 同时

① 在近期的 Lepage's v. 3M 案例（324 F. 3d 141（2003））中，关于合约期限，第三法庭巡回区得出了一个类似的结论。在这个案例中，3M 因提供了一个折扣方案而受到指控：在消费者购买 3M 的其他产品时，捆绑了它的另一种产品（透明胶带），于是 3M 对透明胶带实行折扣销售。尽管从形式上看该案与捆绑销售有关，但这类销售行为与排他性交易协议有很多共同点。

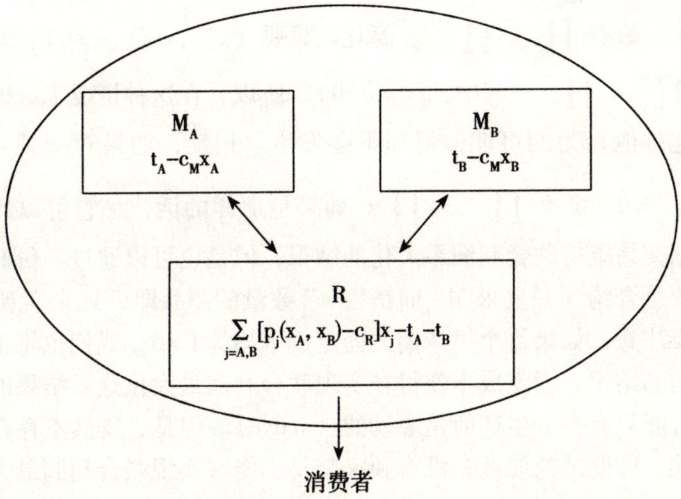

图4—3 Bernheim-Whinston（1998）模型

向R发出要约，R再选择接受哪一份合约。为了解释的连贯性，我这里另做假定：在合约形成阶段，R同时向 M_A 和 M_B 提出秘密要约 (x_j, t_j)。也就是说，假设与“要约博弈”的谈判过程相同，我们在这一独家交易模型中已经分析过削弱零售商竞争的问题，其中，从纵向水平上看，由单一的当事方向多个当事方提出要约。前面提到过，这两类谈判过程的基本结论是相似的。

在引入要素市场竞争之前，让我们先考察不考虑要素市场竞争时的缔约结果。① 这里，零售商和两个生产商要实现联合利润最大化，就要求销售水平（x_A^{**}，x_B^{**}）满足下列条件：

$$\max_{(x_A, x_B)} \sum_{j=A,B} [p_j(x_A, x_B) - (c_M + c_R)] x_j \tag{4—8}$$

于是我们得到 $\prod^{**} = \sum_{j=A,B} [p_j(x_A^{**}, x_B^{**}) - (c_M + c_R)] x_j^{**}$

再回到图4—3，这里不存在缔约外部性：在给定 M_j 与R的合约交易情况下，M_j 的利润 $t_j - c_M x_j$ 并不受R与 M_{-j} 的交易变化影响。② 这样，前面的分析告诉我们，双边缔约使三个当事方的联合利润实现

① O'Brien 和 Shaffer（1997）也研究过这种情况。

② 该结论与规模报酬不变的假设无关。只要每个 M_j 的成本仅仅取决于其自身的产出水平，该结论就是正确的。

最大化，故有 $\hat{\prod} = \prod^{**}$。而且，只要（x_A^{**}，$x_B^{**} >> 0$），就可以得出 $\prod_j^e < \prod^{**}$（其中，j = A，B）。所以，在这种情况下，即便存在实施排他行为的可能，但却不会发生。相反，如果对于某一 j 来说，$x_j^{**} = 0$，那么 $\prod_{-j}^e = \hat{\prod}$。如果是那样的话，尽管可以通过一份独家交易维持联合利润最大化的结果，但是也可以通过一份非排他性的数量合约（只要求 M_{-j} 向销售 x_{-j}^{**} 数量的产品即可）来实现。①②

要注意，如果每个生产商的固定成本均为 f > 0，我们也将正好得到相同的结论。固定成本使得在实现联合利润最大化这一结果的过程中更可能只有一个生产商是主动的（active）。但是，既然不存在缔约外部性，即便结论如此，没有独家交易也能够实现联合利润最大化的结果。

可以把这个结论视为提供了第二个背景，其中，Bork 关于 Standard Fashion 案例的观点（前面引用过）是正确的：如果 Magrane-Houston 是一个当地的垄断商（并且该生产商在别处的竞争与它们在波士顿的竞争毫无关联），那么 Magrane-Houston 正好平衡了"Standard 公司所提供的好处和专门经营 Standard 的服装的损失"，从而做出了纵向结构上联合利润最大化的决策。③

这个结果与我们在削弱零售竞争的独家交易模型中所得到的结论形成了有趣的对比。在独家交易模型中，我们发现，在与局外人（指消费者）进行交易的过程中，一些缔约方（指零售商）之间存在竞争，这时的双边缔约未能实现效率目标。在这里，我们发现，当单个的缔约方与局外人发生交易时，的确实现了效率目标。④ 只有在前一种情况下，那种从与局外人的交易中榨取租金的愿望才导致独家交易的签订。直观上看，因为这里只有一个缔约方与局外人发生交易，它们已经能够"垄断"局外人；没人担心竞争会限制这种能力，也

---

① 在 Bernheim 和 Whinston（1998）的竞价博弈模型里，通过采用"售空（sell-out）"合约，再次持续了结果（x_A^{**}，x_B^{**}）。

② 企业提出一次性转移支付要约的能力对本结论很重要。比如，如果合约只能规定一个简单的线性价格，独家交易就可能出现（参见 Mathewson 和 Winter（1987））。

③ 与 Bork 的唯一差别在于这个结果不必实现消费者剩余或者总剩余的最大化（如果该零售商能够完全实行价格歧视，它就肯定实现了总剩余的最大化）。

④ 在 4.5 节我们将看到，如果存在道德风险问题，该结论必须加以限定。

就没有必要利用独家交易来维持这种能力。

现在假设两个生产商在购买要素时展开竞争。简化起见，在构建模型时假定这些要素的成本取决于 M_A 和 M_B 的总产出，这样它们的单位成本由严格递增函数 $c_M(x_A + x_B)$ 来决定。图4—4描述了这一新环境。一个重要的变化在于此时存在缔约外部性。其结果是，对于R和两个M来说，缺乏排他性的双边缔约将再也无法实现三者的联合利润最大化，于是我们得到 $\hat{\prod} < \prod^{**}$。这会导致R和其中一个M达成独家交易。

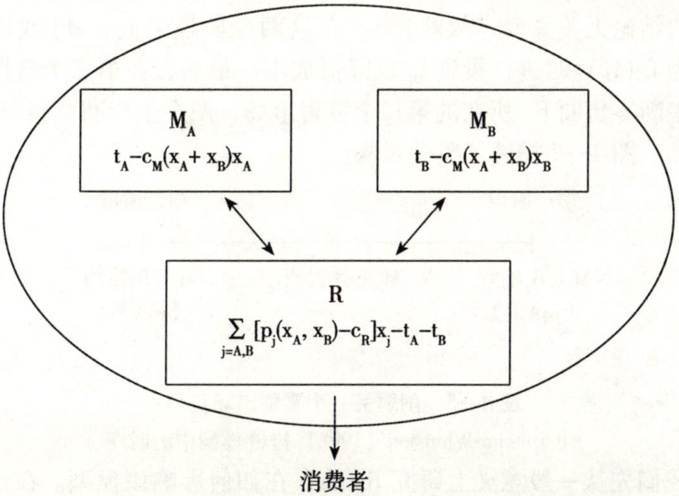

图4—4 要素市场竞争的 Bernheim-Whinston（1998）模型

实际上，假定我们研究的情况是这样的：生产商无差异，所有下游消费者对于每单位产品都有相同的估价p。这样，对于所有的 (x_A, x_B)，都有 $p_A(x_A, x_B) = p_B(x_A, x_B) = p$，于是该模型就与Hart和Tirole（1990）的无差异零售商模型在形式上相同了（只不过在纵向关系上颠倒过来：从形式上看，每单位的零售收入p取代了先前的上游单位成本 c_M，要素成本 $c_M(x_A + x_B)$ 取代了先前的零售总利润 $p(x_A, x_B) - c_R$）。所以，在这种情况下，我们总能看到独家交易得以签订，其目的在于削弱生产商在要素方面的竞争。总福利以及消费者与要素供应商的福利也都减少了。

削弱另一个零售市场竞争的独家交易

现在利用相同框架来考察第三个模型。这是 Bernheim 和 Whinston（1998）研究过的模型，其中生产商们在另外一个零售市场上进行竞争。正如在限制要素市场竞争的独家交易模型中一样，先假设当前的零售市场上有一个垄断零售商和两个生产商 M_A 和 M_B。一般模型的结构包括两个阶段。在第一个阶段，一开始，当前市场上的零售商（现记为 R_1）与两个 M 计划签订双边长期合约来保证在第二阶段的供应（它们也同意在第一阶段供货，但是这与我们有关排他合约的结论无关紧要，故略过）。在这两个阶段之间，M_B 或许会在成本为 f（i_B）时进行投资 i_B 以降低成本。最后，在第二个阶段，出现了垄断零售商 R_2 所在的第二个零售市场，两个生产商竞相向 R_2 销售产品。图 4—5 描述了整个步骤。

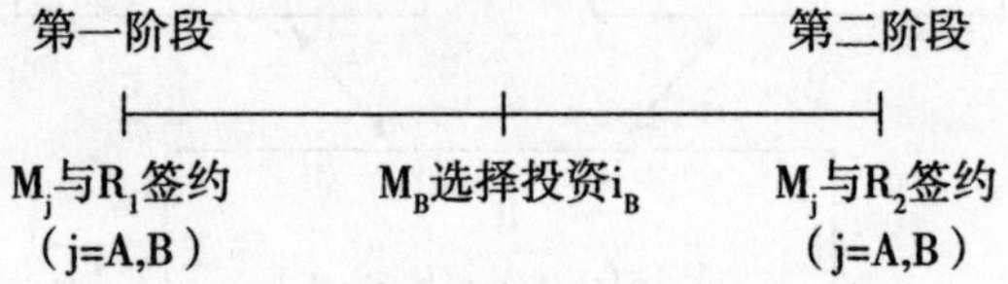

图 4—5　削弱另一个零售市场竞争：
Bernheim-Whinston（1998）排他模型中的时序

我们先从一般意义上研究 R_2 的存在如何影响该模型。在这个第二市场上，两个生产商的利润（包括 f）记为 π_2^A 和 π_2^B，它们取决于 M_B 在降低成本方面的投资水平。接下来，M_B 在降低成本方面的投资意愿又取决于它与 R_1 的签约结果（成本降低对 M_B 更有吸引力：成本越低，它对 R_1 的销售水平就越高）。这样，在与 R_1 签约时，我们可以把利润 π_2^A 和 π_2^B 视为 M_A 和 M_B 与 R_1 的合约承诺（x_{1A}，x_{1B}）的函数：π_2^A（x_{1A}，x_{1B}）和 π_2^B（x_{1A}，x_{1B}）。而且，由于存在对 R_2 进行垄断的可能，如果 x_1^B 足够小的话，R_1 和两个生产商的联合利润可能达到最大，从而 M_B 将选择不进行投资。现在来考虑与 R_1 的缔约过程。这与图 4—3 所示的结构相同，但是这时每个 M 的利润函数包括从第二市场获得的未来利润：$t_j - c_M x_j + \pi_2^j$（x_{1A}，x_{1B}）。由于包含了这些未来利润，缔约外部性是存在的，这会导致独家交易的产生。

一个例子

为了更具体地理解这一过程，我们来看一个简单的例子，从中我们还将观察到禁止独家交易的后果。假定生产商生产的是一种无差异的产品。R_1 认为单位产品的价值是 v_1，它至多需要两个单位；R_2 至多需要一个单位的产品，认为产品价值为 v_2。每个生产商在一个既定的零售市场上最多只能生产一个单位的产品。生产商的成本有差异：M_A 的单位成本是 c_A；M_B 的单位成本取决于它的投资水平。我们还假定 M_B 的投资决策是一种极端情况：如果 M_B 的投资 $f>0$，其单位成本是 $c_B<c_A$；否则，其单位成本无穷大。为简化起见，再假设 $\min\{v_1, v_2\}>c_A>c_B$。这一条件意味着，一旦 M_B 进行了投资，它就是低成本的生产商。同样，如果 M_B 不投资，对 M_A 来说，向两个零售商进行销售就是有效率的。最后，假定 M_A 和 M_B 为了在第二阶段得到 R_2 的业务而展开伯川德竞价竞争。①

我们首先来看，在什么情况下 M_B 进行主动投资是有社会效率的。如果因为 M_B 的存在而产生的净剩余是正的，那么就具有社会效率。也即，如果

$$(v_1-c_B)+(c_A-c_B)>f \tag{4—9}$$

上式中左边第一项是 M_B 向 R_1 提供第二个单位产品时的社会价值；第二项是从低成本生产 R_2 的单件产品中获得的社会收益。这两项之和与 M_B 的投资成本形成对比。

相反，如果 M_B 因为投资来竞争 R_2 的业务出现了亏损，从而被排挤出 R_1 的业务圈子，它将选择不投资。这一情况的发生条件是：

$$(c_A-c_B)<f \tag{4—10}$$

在下文中，我假定该条件成立，来关注这一有趣的情况（如果该条件不成立，就不可能出现独家交易）。

接下来，假定条件（4—10）成立，给 R_1 多大的销售水平才能实现 R_1 与两个生产商的联合利润最大化呢？这个最大化的结果有两

① 似乎令人感到奇怪的是，R_1 向生产商提出要约，而生产商向 R_2 提出要约。提出后一种假设的原因是当 M_B 遭到排挤时要确保 M_A 从对 R_2 的销售中获得正利润。在 Bernheim 和 Whinston（1998）的独创性论文里，M 向两个零售商都提出要约。我这里假设 R_1 发出要约，仅仅是为了通过保持与本节前面的模型相同的谈判模型来达到简化解释的目的。

种可能：①R_1 签约从 M_A 处获得一个单位产品而不从 M_B 处购买，M_B 不投资，M_A 垄断 R_2 并以价格 v_2 向其销售一个单位；②R_1 从每个生产商购得一个单位产品，M_B 投资，M_B 在与 M_A 竞争 R_A 的业务后以价格 c_A 向 R_2 出售一个单位。第一种结果把 M_B 排挤出去，所产生的联合利润大于第二种结果，其条件是：

$$(v_1 - c_B) + [(c_A - c_B) - (v_2 - c_A)] < f \qquad (4—11)$$

上式左边第一项与（4—9）式里的第一项相同。第二项是两部分的差额：第一部分是生产商相互竞争时向 R_2 销售所获得的联合利润（$c_A - c_B$）；第二部分是 M_A 垄断 R_2 时的利润（$v_2 - c_A$）。当 M_A 垄断 R_2 的利润很大时，条件（4—11）将会得到满足。当（4—11）成立时，我们得到 $\prod_A^e = \prod^{**} = (v_1 - c_A) + (v_2 - c_A)$。

最后，当通过排挤 M_B 而使联合利润达到最大时，不签订独家交易合约能否实现联合利润 $\prod_A^e$ 呢？为了实现这一点，R_1 将不得不仅仅从 M_A 处购得一单位产品而不从 M_B 处购买。但这样一来，R_1 将受到违背合约的诱惑，也从 M_B 处购进一单位产品。如果从与 M_B 的交易中（它已经从 M_A 处购得了一个单位）所获得的双边剩余为正的话，R_1 就会作此决策。如果（$v_1 - c_B$）+（$c_A - c_B$）$> f$，正好符合条件（4—9）式，这种情况就会出现（该不等式左边的第一项正是 R_1 从 M_B 处得到第二个单位的商品时的剩余，而第二项是 M_B 向 R_2 进行销售时的利润）。这样，当条件（4—9）式和（4—11）式成立时，我们得到 $\max\{\hat{\prod}, \prod_B^e\} < \prod_A^e = \prod^{**}$，所以 R_1 将与 M_A 签订独家交易合约，M_A 的目的是削弱向 R_2 进行销售时的竞争。

在这种情形下，禁止独家交易将避免 M_B 受到排挤并提高总福利。然而，更一般的结论是，在这种情形下禁止独家交易不一定能避免排他行为和提高总福利。比如，Bernheim 和 Whinston（1998）指出，在有些情况下，禁止独家交易的结果完全可能通过数量合约导致对 M_B 的排挤，与独家交易所造成的排挤比较，这种排挤导致更低的效率。为了弄清这一点，假设 R_1 对第一个单位和第二个单位产品的定价分别是 $\bar{v}_1$ 和 $\underline{v}_1$，且 $\underline{v}_1 < \bar{v}_1$，再假设生产者能够为每个零售市场提供数量不限的单位产品，最后假设 $\bar{v}_1 > c_A > \underline{v}_1 > c_B$。这样，效率标准就要求，若 M_B 是主动的，就得向 R_1 提供两个单位的产品；若 M_B 不是主动的，M_A 则向 R_1 只提供一个单位的产品。在这种情形下，如果 R_1 和 M_A 进行独家交易，那么 R_1 就只能从 M_A 处购进一个单位的产品。然而，如果禁止独家交易，并且（$\underline{v}_1-c_B$）+（c_A-c_B）$>f$，向 R_1 销售一个单位的产品就不会把 M_B 排挤出去，因为 R_1 和 M_B 会发现它们交易一个单位产品是划算的。如果是那样的话，R_1 和 M_A 将不再通过签订两个单位的数量合约来排挤 M_B。① 这个结果甚至比通过独家交易来实现排他的效率更低。②

多卖方/多买方模型

在本节已经讨论过的所有模型中，同时缔约过程总是发生在一个买方与若干卖方之间，或者一个卖方与若干买方之间（所谓的“三方”市场结构）。原因在于，当对合约进行一般形式化处理时，理论上对于如何处理市场双边多方缔结过程知之甚少。事实上，有关“存在外部性的缔约过程”的理论文献几乎都局限于三方市场结构。③

当然，在大多数真实市场里，市场两端往往不止一个参与方。这样，构建能反映出这一事实的模型就成了当务之急。把 Bernheim 和 Whinston（1998）模型的深刻洞见与 Rasmussen、Ramseyer 和 Wiley（1991），Segal 和 Whinston（2000a）模型（见 4.3 节）结合起来，虽然只是一种猜想，但它明显预示着我们应该能从中得到类似的结果。比方说，在 Bernheim 和 Whinston（1998）模型中，R_2 不参与到与 M_A 和 M_B 的初期缔约谈判中；Rasmussen、Ramseyer 和 Wiley

---

① 如果（$\underline{v}_1-c_B$）+（c_A-c_B）+［（c_A-c_B）－（v_2-c_A）］$<f$，这样就会增加 R_1 和两个生产商的联合利润。

② Bernheim 和 Whinston（1998）利用他们的竞价博弈的谈判过程对此进行了说明。不采用要约博弈来分析这个例子，就得撇开被动信念，即便是在独家交易不可能存在的情况下也是如此。其原因是：只要 R_1 提出从 M_j 处购买两个单位商品，M_j 应该认识到 R_1 并没有向 M_{-j} 提出签约的要约。而且，R_1 和 M_A 利用确定两个单位交易量的非排他性合约来排挤 M_B 的结果是可持续的，这正如要约博弈中的均衡状态，这种均衡状态只在以下两个条件下出现：要么 M_A 没有被动信念；要么引入 Segal 和 Whinston（2003）考虑过的期权合约（否则，R_1 将违背合约，进而向 M_A 提出签订一份仅仅购买一个单位商品的非独家交易的要约）。

③ 最近的一个例外是 Prat 和 Rustichini（2003）模型。第二个例外是 Hart 和 Tirole（1990）模型，其中有另一家上游公司，其边际成本比 M 的高。虽然我在此没有讨论那个模型，但是把第二家效率较低的生产商引入排他模型中以削弱无差异的零售商之间竞争，在有些（不是所有）情况下，依然可以导致独家交易。另见 Rey 和 Verge（2004）和 Spector（2004）。

(1991)，Segal 和 Whinston (2000a) 模型认为，即便 R_2 参与到该初期谈判过程中，但是零售商之间的外部性也能导致排他结果。

最重要的多卖方/多买方模型是 Besanko 和 Perry (1994) 模型。① 在他们的模型中，两个对称的生产商生产有差异的产品并出售给各零售商。零售市场可以自由进入，主动的零售商均匀分布在一个环形的产品空间里。每个生产商首先决定是否采用排他性或非排他性合约。如果有一个生产商选择独家交易，那么每个生产商就能够向一半的零售商出售产品（生产商沿着圆圈轮换零售商）。相反，如果两个生产商都选择非排他性合约，则都可以向每一个零售商销售。请注意，根据假定，独家交易不能被用来把生产商的竞争对手排挤出市场，而只能把它从一半的零售商中排挤出去，并且只能通过把自身排挤出另一半的零售商才能实施这种排挤。此外，如果零售商进入受到限制，生产商的投资决策可能会减少，但这里根本就不存在生产商的投资决策问题。

排他性选择确定后，由零售商制定进入决策。Besanko 和 Perry 模型考虑到在独家交易情况下（因为只需要经营一个品牌），零售商的固定成本会比较低。接着，生产商制定简单的线性批发价格（在提供给零售商的要约之间，它们不能区别对待也不能采用非线形定价机制）。这样，允许采用的合约条件受到严格限制。主动的零售商随后确定其零售价格。由于没有外部商品，圆圈上的每一个消费者的需求采取对数形式（所以福利扭曲仅仅缘于消费者的品牌选择、运输成本以及零售商的固定成本这几个方面的变化）。

在 Besanko 和 Perry 模型里，独家交易产生了若干效果。首先，它让消费者的购买路程更远（沿着圆周）。其次，通过混合零售商及品牌差异，提高了产品在零售层面上的差异度。对任何既定数目的零售商来说，这使得零售价与批发价的涨价幅度更大。这种效应，再结合可能更低的固定成本，致使在独家交易条件下有更多的零售商进入。这种额外的进入，以更大的固定成本为代价改善了定价和额外路程效应。最后，Besanko 和 Perry 的模型表明，在排他性交易的情况下，生产商的利润更高。计算结果意味着，除非独家交易致使固定成本大幅度降

① Stefanadis (1997) 也研究了一个多卖方/多买方模型，其中，每个卖方只能与多个买方中的一个签约。

低，否则消费者福利一般会下降，利润上升，总剩余下降。

多卖方/多买方模型很值得深入研究。它们不仅更具有现实意义，而且有助于我们解决一些重要的问题。比如，排他性交易调查中被告方经常援用其他（更小的）竞争者使用类似合约的事实来证明独家交易并不是反竞争的，相反促进了效率。这种抗辩在多大程度上是有效的呢？再比如，对于什么样的卖方市场结构，独家交易很可能用于反竞争呢？鉴于有关反竞争排他性交易的文献主要侧重于研究简单市场条件（比如，两个零售商或两个生产商）下得以出现的"可能性结果"，并以此来反驳芝加哥学派的观点，那么全面理解在更为复杂的市场结构中出现反竞争效果的可能性就变得格外重要了。这些问题的解决，要求构建涉及相互竞争的多个卖方和（事实上的）多个买方的模型。

4.5 独家交易合约促进竞争的理由

到此为止，我们所关注的完全是独家交易的反竞争功效。但是，正如芝加哥学派所强调的，独家交易或许会起到促进而不是减损经济效率的作用。而且，美国法院已经认可了这些观点，并通过合理推定原则来审理排他性交易案件。在本节，我将考察独家交易促进竞争的机理。我从一个最常被讨论的基本原理入手，即独家交易在保护专用性投资（relationship-specific investments）上的能力，包括那些容易"搭便车"的投资。

独家交易与投资保护

排他性交易文献中有很多非正式的论点，它们认为独家交易可能会鼓励当事方进行无法签约的投资（non-contractible investment）以提升其交易关系的价值。其中最为著名的当属 Marvel（1982）的论点，他认为，当投资因搭便车而容易受到侵蚀（expropriation）时，独家交易可能会提高效率（该观点与 Telser（1960）的排他性势力范围和维持转售价格的理论相关）。举一个具体的例子：当一家生产商打出广告，吸引顾客进入一家零售店，该零售商可能会让这些消费者转而购买那些对零售商来说利润率更高的其他产品。这种情况将削弱生产商打广告的动力。独家交易正好消除了零售商这样做的能力，因此鼓励了生产商的广告行为。

其他人还提出了与此相关但有所不同的动机。比如，Klein（1988）认为，通用汽车公司（GM）与 Fisher 汽车公司 1919 年签订了 GM 同意只购买 Fisher 汽车车身的独家交易，旨在保护 Fisher 在特殊设备方面的投资。Masten 和 Snyder（1993）讨论了联合制鞋机械公司与制鞋商之间签订的独家交易，要求后者只能使用前者的制鞋机械（这些合约是联合制鞋机械公司案所关注的焦点；258 U. S. 451（1922））。他们认为，联合制鞋机械公司对制鞋商如何有效率地组织生产过程进行了培训，它需要保护这种培训投资。如果不签订独家交易合约，制鞋商能够将从培训中学到的知识用于操作其他公司的机械，这将削弱联合制鞋机械公司在培训上进行有效率投资的激励（这其实就是 Marvel 的搭便车故事的翻版）。Bork（1978）在前面我引述过的一篇文章里提出，独家交易可能有助于提升零售商的忠诚度（也可参见 Areeda 和 Kaplow（1997））。

Segal 和 Whinston（2000b）通过对投资无法签约情况下独家交易正式模型的研究，对以上观点给予了评价。他们的模型是“要挟（holdup）”模型的翻版，其中一个买方（B）和一个卖方（S）在进行无法签约的投资之前会率先签约，此外，产品还有一个外部来源（E），即 B 也可能从 E 处购得该产品。

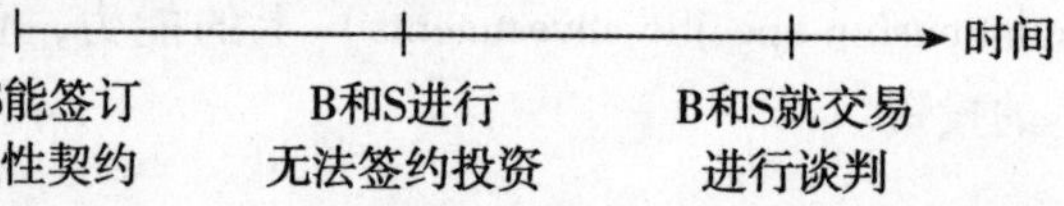

图 4—6　Segal-Whinston（2000b）的独家交易和无法签约的投资模型的时序

该模型的选择次序如图 4—6 所示。B 和 S 首先签订一份合约。该初始合约是不完备的：它唯一能规定的事项就是是否签订独家交易合约（这和 4. 2 节芝加哥模型的情况一样）。[1] 接着，B 和 S 进行无法签约的投资，这些投资决定着 B 从它与 S 和 E 的交易中所获得的价值量以及 S 的成本。所有当事方都能观察到这些价值与成本。接着 B 和 S 开始就交易进行谈判。这里我假设它是纳什谈判形式，其中 B

[1] Segal 和 Whinston（2000b）简单讨论了 B 和 S 也能够在其初始合约中规定交易条件的情况。

和S达成一个有效率的协议，并均分它们的一致协议而产生剩余，这一剩余大于不一致协议而产生的收益（这正好契合了它们与局外方的交易选择）。如果它们没有达成协议，倘若B并没有受到独家交易的限制而只能与S进行交易，那么它就可以从E处购买。

排他性与投资、效率不相关的结论

首先，我们通过一个简单的例子正式分析Klein所描述的情况。假定B至多只需要一个单位的产品。S的产品价值是v，E的产品价值是v_E。签约后，S可能会进行一项特定关系的投资$i_S \geqslant 0$（按成本计算）。如果S投资i_S，那么它生产一个单位产品的边际成本是$c(i_S)$，这里$c'(i_S)<0$。比如，S可能会添置一些专用机械设备来降低B所需要的产品的生产成本。假设外部来源E是竞争的，其单位成本是c_E（可作如此想象：存在许多潜在的外部供应商）。简单起见，还假定，对于所有i_S有$v>c_E>c(i_S)$，于是效率标准要求B始终从S处购买。那么有效率的投资i_S^{**}满足如下问题：

$$\max_{i_S}\ [v-c(i_S)]-i_S$$

并满足一阶条件$c'(i_S^{**})=-1$。

现在我们来研究独家交易的效应。用e表示合约的排他水平，e=1表示独家交易，e=0表示没有排他性（利用e来表示实施排他性的概率，我们允许出现中间水平的排他性）。由于B和S之间的交易总是有效率的，所以谈判总会导致它们之间达成一致。给定排他水平e和投资水平i_S，并忽略其投资成本，S的收益等于它未达一致成协议时的收益加上来自它们交易所产生剩余的一半，亦即

$$u_S(i_S|e)\equiv d_S(i_S|e)+\frac{1}{2}\{[v-c(i_S)]-d_B(i_S|e)-d_S(i_S|e)\}$$

$$=\frac{1}{2}[v-c(i_S)]+\frac{1}{2}d_S(i_S|e)-\frac{1}{2}d_B(i_S|e) \tag{4—12}$$

上式中$d_B(i_S|e)$，$d_S(i_S|e)$是B和S未达成一致协议时的收益。因为S没有别的交易选择，并且仅当e=0时，B才与E进行自由交易，所以，这里未达成一致协议时的收益采取如下形式：

$$d_S(i_S|e)=0 \tag{4—13}$$

$$d_B(i_S|e)=\begin{cases}(v_E-c_E)\ \text{if } e=0\\ 0\ \text{if } e=1\end{cases} \tag{4—14}$$

分析（4—12）~（4—14）式可以确定，独家交易排除了 B 从 E 处购买的选择，从而削弱了 B 的谈判地位。这提高了 S 的收益。但是，这增强了 S 的投资激励吗？答案是否定的。究其原因，先要注意这一点：为了增强 S 的投机动机，独家交易必须提高 B 的投资的边际收益。我们从（4—12）式中可以看出，排他水平 e 仅仅通过它对 B 在未达成一致协议时的收益 d_B 的影响来影响 S 的收益（注意：$d_S=0$）。但是，如（4—14）式所示，无论是否存在排他，S 的投资 i_S 都不影响 B 在未达成一致协议时的收益 d_B。所以，尽管独家交易改变了 S 的收益，但是并不影响 S 投资的边际收益。简言之，排他性与投资和效率都不相关。①

什么因素导致了这种无关的结论呢？答案是在该例中 S 的投资纯粹是内部的（internal）；也就是说，它仅仅影响到 B 和 S 的交易值，而不影响未达成一致协议时的收益。由于独家交易仅仅改变未达成一致协议时的收益，那么对投资就没有影响。要使独家交易发挥影响，无法签约的投资必须具备外部要素，它影响到 B 和 E 的交易值，进而也影响到未达成一致协议时的收益。

排他效应

在 Klein（1998）关于 GM – Fisher 关系的故事中，投资纯粹是内部的。相反，在 Marvel（1982）、Masten 和 Synder（1993）、Bork（1978）以及 Kaplow（1997）等对于排他性的争论中，投资确实影响到外部价值。比如，Marvel（1982）以及 Masten 和 Synder（1993）所讨论的广告和培训投资不仅增加了 B 与 S 之间的交易值，而且增加了 B 与 E 之间的交易值（这是个搭便车的问题）。同样，人们可以把 Bork（1978）及 Areeda 和 Kaplow（1997）关于“忠诚度”的观点解释为，零售商（我们模型里的买方）所进行的投资是以降低它与 E 的交易值为代价来提高其与 B 的交易值的（比如，它可以让自己的零售店更有效率地突出 S 的产品或者将时间花在学习 S 的产品上）。但要注意的是，这些观点存在以下两个方面的区别：①谁是投

① 不管有没有独家交易，S 的均衡投资水平 i'_S（若严格为正的话），满足一阶条件 $\frac{1}{2}c'(i_S^*)=-1$。

资主体（B或S）；②提高内部价值的投资是提升了还是降低了外部价值。结果证明，独家交易对投资和效率的影响关键取决于以下两种投资的性质。

卖方投资

首先来考察这样的情况：S的投资不仅仅提高了内部交易值，而且提升了B和E的交易值，这正是Marvel（1982）以及Masten和Synder（1993）所研究的情况。Segal和Whinston（2000b）认为这种情况是S的投资在内部价值与外部价值之间具有互补性。具体起见，用$v(i_S)$和$v_E(i_S)$表示B与S和E的交易值，并假定$[v'(i_S), v'_E(i_S)] >> 0$（互补性投资效应）。于是S的收益（这里还是不包括投资成本）为：

$$u_S(i_S \mid e) = \frac{1}{2}[v(i_S) - c(i_S)] - \frac{1}{2}\begin{cases} v_E(i_S) - c_E \text{ if } e=0 \\ 0 \text{ if } e=1 \end{cases}$$

当$e=0$时，S将限制其投资，因为投资增加了B在未达成一致协议时的收益（大括号里的那一项）。正如Marvel（1982）以及Masten和Synder（1993）所指，独家交易消除了这种担心，因而增加了S投资的边际成本。相反，当S的投资降低了B和E（$v'_E(i_S) < 0$）的交易值，即S的投资在内部价值与外部价值之间具有替代性（substitutes）时，独家交易将削弱S的投资激励。

买方投资

这里假设B是投资者。B的投资增加了它和S的交易值$v(\cdot)$，同时也影响到它与E的交易值，现记为$v_E(i_B)$。在Bork（1978）以及Areeda和Kaplow（1997）关于零售商忠诚度的叙述里，B的投资增加了它与S的交易值，降低了它与E的交易值，所以我们有$v'_E(i_B) < 0$。也即，B的投资在内部价值与外部价值之间具有替代性。我们也可以认为B的投资在内部价值与外部价值之间具有互补性。比如，如果GM在其经销网络方面进行投资或者向消费者打广告，不管它是否向Fisher或其他公司购买汽车车身，这些投资都提高了生产汽车的价值。

为了弄清独家交易如何影响B的投资激励，我们来看B的谈判收益（再次忽略 B 的投资成本），为：

$$u_B(i_B \mid e) = \frac{1}{2}[v(i_B) - c(i_B)] + \frac{1}{2}\begin{cases} v_E(i_B) - c_E \text{ if } e = 0 \\ 0 \text{ if } e = 1 \end{cases}$$

当投资在内部价值和外部价值之间具有互补性的时候，独家交易降低了 B 的投资水平，因为它排除了 B 的投资对其在未达成一致协议时的收益的正效应（大括号里的部分）。相反，当它们是替代品的时候，独家交易提高了 B 的投资水平。从而，正如 Bork（1978）以及 Areeda 和 Kaplow（1997）所指出的，在零售商拥有忠诚度的情况下，独家交易加大了零售商对 S 的产品的投资。图 4—7 总结了排他性对投资的这些影响。

	投资方 S	投资方 B
互补性投资效应	投资 ↑	投资 ↓
替代性投资效应	投资 ↓	投资 ↑

图 4—7　排他性对提高内部价值的投资的影响

福利效应

我们也可以提出这样的问题，排他性对投资的这些影响是增加了还是减少了福利？正如这里已经假设的，当 E 参与竞争时，问题就变成了：独家交易的出现是提高了还是降低了 B 和 S 的联合收益？[①] 一般而言，当不存在独家交易时某项投资供给不足（或过度），那么增加投资的独家交易将会增加（或减少）福利。图 4—8 对福利效应进行了总结。如果 S 进行投资且该投资在内、外部价值方面是互补

① Segal 和 Whinston（2000b）也考察过 E 不参与竞争的情况。在这种情况下，对 B 和 S 二者有利的条件与对社会来说最优的条件之间存在差异，所以，B 和 S 将有激励从 E 处榨取一些剩余（Aghion 和 Bolton（1987）对此有过计算）。

的，或者，B进行投资且该投资在内、外部价值方面是替代的，这两种情况下的独家交易必然增进福利。当B投资且内、外部价值互补的时候，将得到一个比较片面的结论。只要 $v'(\cdot)-c'(\cdot)>v'_E(\cdot)$，独家交易都会降低福利，以至于投资的内部边际收益超出了它的外部边际收益。这一条件意味着，没有独家交易的时候，存在投资不足，而独家交易使得投资更加不足。同样正确的结论是，在接近于完全排他（e趋向于1）的时候，排他程度的微弱增加就会带来严重后果，其原因同样是在接近完全排他的时候存在投资不足。最后，可以得出类似结果：当S进行一项可替代的投资时，在接近完全排他或当 $v'(\cdot)-c'(\cdot)>-v'_E(\cdot)$ 时，存在投资不足，所以提高排他性的强度（降低S的投资）是有损于福利的。[①]

	投资方 S	投资方 B
互补性投资效应	福利 ↑	福利 ↓*+
替代性投资效应	福利 ↓*+	福利 ↑

*当 $e\approx 1$ 时。

+如果B投资，当 $v'(\cdot)-c'(\cdot)>-v'_E(\cdot)$ 时；或者，如果S投资，当 $v'(\cdot)-c'(\cdot)>-v'_E(\cdot)$ 时

图4—8　排他性对福利的影响

在对公司进行反垄断调查的时候，图4—8中的结果，连同排他性与投资、效率无关的结论，在评价企业提出的有利于竞争的理由（是否充分）时非常有用。通过考察谁做出无法签约的投资决策，以及其投资效果，人们就能弄清各当事方是否愿意为了保护无法签约的投资而真正有激励去签订独家交易合约。比如，美国司法部（DOJ）曾调查过计算机制票业的排他性缔约行为，作为制票业的主导厂商，

① 讨论内部交易并不总是有效率时的福利结果，见Segal和Whinston（2000b）。

Ticketmaster 与各大剧场签订了独家交易合约，在许多城市获得了预订 80% ~95% 的有效座位的权利。Ticketmaster 辩称那些独家交易不是用来排挤竞争对手的，而是用来保护其专用性投资的，因为它在训练剧场员工使用其操作系统和与剧场特定需要相配套的软件方面都进行过投资。但是，由于 Ticketmaster 系统具有专有性，剧场不能把这些投资与其他系统联结起来协同使用，所以根据我们的术语，它们是内部的。因此，不相关结论让人们对 Ticketmaster 所宣称的独家交易旨在提高效率的动机产生了怀疑。

当然，在有多对买方—卖方组合的市场上，对一个组合有利的不一定对买方和卖方全体有利。Besanko 和 Perry（1993）研究了一个有多个生产商和多个零售商的排他性模型。该模型有三个生产商（它们制定线性批发价格）和一个竞争性的零售部门。来自于代表性消费者的需求呈对称的线性需求函数形式。一个生产商的投资降低了零售商销售其产品的边际成本，但同时也遵循 Marvel 式的搭便车规律，因为它还降低了该零售商销售其他生产商的产品的边际成本。在这种基本背景下，排他性交易鼓励生产商进行投资，但这有损于其他生产商的利益。因此，如果所有生产商都采用排他性交易，则大家的境况都会恶化。Besanko 和 Perry 模型分析了三种情况：没有生产商、部分生产商或者所有生产商都采用排他性交易。然而，在他们的模型里，当所有生产商都采用排他性交易时，消费者福利和总福利都是最高的。

其他理由

除了无法签约的专用性投资外，独家交易可以实现促进竞争的目的。Bernheim 和 Whinston（1998）指出，独家交易可能是在"共同代理（common agency）"背景下应对无效激励条款而出现的措施（也可参见 Bernheim 和 Whinston（1986b））。比如，每一个生产商都努力为一个共同的零售商提供激励使之青睐于自己的产品，这就产生了缔约外部性，结果造成风险厌恶型的零售商面临太多的风险。根据 4.4 节里的注解，这意味着 $\hat{\prod} < \prod^{**}$，同时，排他性交易作为一种避免这些无效率结果的手段而被采纳。Martimort（1996）在一个模

型里也提出过类似观点，其中，一家零售商比若干家生产商更了解它自身的成本或需求状况。①

独家交易促进竞争的第二个机理在于它是一种避免无效率进入的手段。回顾一下4.2节芝加哥学派的模型，注意到进入总是对在位卖方和买方共同产生正外部性（等于净损失 x^*），这正是由于进入后的竞争是伯川德形式的。相反，如果进入后的竞争呈古诺形式，那么进入会降低总剩余。只要情况如此，进入必定都会对B和I共同产生负外部性。那样的话，B和I就能签订独家交易合约以阻碍E的进入，这样既提高了它们的收益又增加了总剩余。

如Innes和Sexton（1994）所指出的，如果B可以赞助新进入者，无效率进入也可能发生。比如，即便E的效率比I低，但对B来说给予E进入补贴也可能是值得的。同样，这里B和I能签订独家交易合约以避免这种无效率行为。比如，一旦铁路路轨已经铺到了矿井前，煤矿与铁路公司之间可能会签订独家交易合约，以此来防范煤矿置效率于不顾的绕道企图。

4.6 经验证据

有关缔结独家交易的动机和效应的经验证据相当有限。现有文献中大部分是非正式的案例研究型的讨论，通常是一些著名的反垄断案例。对市场数据的正式的统计研究并不多见。

Marvel（1982）对排他性交易进行的非正式讨论最为著名，他讨论了两个例子。第一个是Standard Fashion案例。Standard公司与全美国52 000家服装分销商中的约40%缔结了独家交易合约。Marvel认为这些合约不可能产生反竞争的效果，他引用的证据包括以下事实：这些合约都是两年期限的，它们的到期日在零售商之间是错开的，竞争对手也使用了独家交易以及服装生产商似乎也为争夺理想的零售商而竞争。②我们早先的讨论认为，这些事实不一定与这些合约的排他

① 这些论文提供了除Segal和Whinston（2000b）模型以外的其他选择，用以对Bork（1978）零售商—忠诚度的观点进行形式化分析。

② Marvel从《克莱顿法》之前的与本产业有关的案例中得出了这三个事实，并用作证据，所以并不清楚到1918年区联邦法院裁决Standard Fashion案的时候，它们是否依然适用。

性动机相冲突。Marvel 还引用了产业中决策后的变化（作为证据），他注意到，1959 年以前，最大的服装生产商拥有 50% 的份额，这甚至超过了案例中 Standard 当时的份额。然而，同样值得注意的一个事实是，这个最大份额的拥有者是 1927 年新进入的 Simplicity 服装公司。占有 35% 份额的第二大公司是 McCall 公司，在美国地区法院（1918）针对 Standard 公司做出判决之后，作为竞争对手的 McCall 公司于 1920 年开发出一套新的服装生产流程。①

Marvel 还认为，Standard 公司利用这些独家交易来避免生产商投资中的搭便车行为。他断言，Standard 公司所面临的问题是，投资提供令人满意的款式，一旦成功，就会被其竞争者仿制。要注意的是，仅当消费者不能轻易在市场上从其他零售商手中买到仿制的款式时，独家交易才能有效防止这种搭便车行为。所以，如果 Marvel 对于服装款式仿制问题的观点是正确的话，那么要保护 Standard 公司对服装款式投资实际上就要求将竞争对手排挤出市场。

Marvel 用以下事实来证明 Standard 公司在服装款式方面投资的重要性：如果允许独家交易，Standard 公司的批发价远远高于成本；如果禁止独家交易，批发价就会下降并代之以预垫付款（up-front charge）。Marvel 认为这个事实证明了：批发价最初包含设计投资的费用，但是未签订独家交易合约时，这些费用只能以固定费用的形式出现。然而，这种定价模式的转变与我们在 4.5 节中讨论的“共同代理”激励条款模型是一致的。在那些模型中，不存在独家交易时，公司降低它们的边际成本来揽取零售业务。Marvel 还认为，Simplicity 公司（生产简单服饰）的崛起，证明了其决策减少了设计投资。这种观点是否正确，或者说有没有其他解释（比如说，只是由于需求发生了变动，或者，出现了低成本的大批量生产技术等），都还不清楚。

Marvel 也对保险业的市场结构进行了有趣的讨论，集中讨论了保险产品的直销公司（direct-writing company）与利用独立代理商的公

① Ornstein（1989）也认为在裁定独家交易为违法的五大著名案例之后的决策经验证实了这些合约并不是反竞争的。他重复了 Marvel 的论证，认为 Standard Fashion 案就是其中之一。其他四个案例中有两个是美国制鞋机器和 Beltone 案，其中主导型公司在判决之后的确失去了很大的份额。Ornstein 认为其原因与判决无关，并且，市场集中水平并没有发生改变。

司之间的区别。直接业务公司直接卖给客户保险，因此它们只雇用销售人员来处理本公司的保险业务；另一方面，独立的代理商销售几家公司的保险。严格地说，这是一种纵向一体化，而不是排他交易，但两者极其相似。[①] Marvel 认为采用直接业务是为了避免保险承保范围内的搭便车行为，其中生产商有可能进行营销投资。他列举的证据是，直接业务发生在存在散户群的承保范围（这里，保险商看清投资前景更为重要）和生产商广告更为密集的承包范围中。

Grossman 和 Hart（1986）也对这种差别进行了讨论。他们认为，两者间的主要区别在于谁拥有客户清单，因此谁就有在保险公司与其代理商之间的关系结束之时跟客户继续保持联系的机会。采用直接业务时，正是保险公司拥有客户清单；雇用独立代理商时，正是代理商拥有客户清单。他们认为，如果代理商需要尽力让客户满意并续保，那么代理商就拥有客户清单。相反地，如果代理商的努力对客户续保并没有太大帮助（因为客户已有人寿保险），那么投资开发新险种的保险公司将会得到客户清单。他们举了个例子，在财产意外保险中，65%的保险费都是由独立代理商创造的，而在人寿保险中，这一比率只占到12%。

事实上，Marvel 的论点和 Grossman-Hart 的论点密切相关，都与无法签约的投资有关。不过，它们在投资的性质方面有所区别。根据 Segal 和 Whinston（2000b）提出的投资种类，Marvel 关注的是公司在内部和外部价值方面有互补效应的投资，而 Grossman 和 Hart 假设公司和代理商都进行投资。公司开发新产品的投资对内部和外部价值都有互补效应，所以在性质上与 Marvel 的投资相似。代理商在提供优良索赔服务方面的投资，也可能具有互补性，因此，它们妨碍了独家交易的应用。

在性质方面区别最大的是 Heide,、Dutta 和 Bergen（1998）。他们对工业机械和电子/电气等产业的分销经理做了一次调查。做出回应的 147 人中（460 人参与调查），47 人采用过独家交易。Heide、

① 事实上，如果正如下文我们要讨论的 Grossman 和 Hart（1986）的论文所分析的那样，认为关键差异就在于谁拥有客户清单（纵向一体化情况下，该公司拥有清单），或者获得该清单对于不断向客户进行销售的代理商来说绝对重要，那么纵向一体化就相当于排他性交易。更详细的分析见 Segal 和 Whinston（2000b）。

Dutta 和 Bergen 推断，当人们在意搭便车现象以及独家交易并未把高额成本转嫁到最终用户头上的时候，更容易签订独家交易合约。他们发现，独家交易的使用与“新竞争者是否有可能进入该类产品领域”无关，他们以此作为反对“独家交易是反竞争的”这一观点的证据。当然，有人或许会担心独家交易可能导致市场进入的可能性很低。更一般地，人们也可能提出质疑，那些接受调查的经理们是否会披露可能被视为反竞争的行为。

两篇公开发表的论文（像第 3 章所讨论的 Mullin、Mullin 和 Mullin（1995）的论文一样），运用事件研究方法深入剖析了独家交易的效应。Marin 和 Sicotte（2003）观察了大量事件的股价效应，这些事件改变了（合法的）国际海运卡特尔与客户签订独家（“双重费率”）交易合约的概率。这些合约对专门通过本公司进行运输的客户提供了大约 20% 的折扣。许多研究人员都认为独家交易的唯一目的就是防止海运卡特尔以外的企业进入市场。1956 年，联邦上诉法庭裁定这些独家交易违法，这一裁决在 1958 年得到了美国最高法院的认可。作为回应，国会随之制定并通过了新的立法，对这些合约免除反垄断调查。1961 年，这项立法最终由肯尼迪总统签字生效。

Marin 和 Sicotte 发现，那些似乎提高独家交易可能性的事件也合法地增加了海运公司的价值。更有趣的是仅有一次例外，这些事件对那些使用大量海运业务的净出口公司的价值产生了负面影响，而这意味着客户是这些合约的真实受害者。[①]

1906 年，U. S. Steel 宣布长期租赁大北铁路公司（Great Northern Railway）的铁矿石，Mullin 和 Mullin（1997）考察了相应的股价反应。U. S. Steel 从这笔交易中获得了排他性权利，它可以无限期地开采铁矿石直到其枯竭为止。合约中涉及的矿石储量巨大：合约预计的采矿量达到 1905 年美国钢铁公司在苏必利尔湖的开采量的 44%。此外，同时代的其他考察者强调指出美国钢铁公司对矿石资源的控制出现了潜在的圈占效应。Mullin 和 Mullin 表明，租赁合约的发布，对作

① Marin 和 Sicotte 也分别研究过净进口产业。对净进口产业来说，这里的结论还缺乏说服力。原因或许在于：净进口产业里的国内生产商要么是外国产品的分销商（航运价格上涨会对它们构成伤害），要么是在美国本土进行销售的外国生产商的竞争对手（航运价格上涨会让它们获益）。净出口产业不会出现类似的模糊性。

为美国钢铁公司重要客户的铁路公司的股价产生了积极作用。

就我所知，直接研究独家交易对市场结果影响的公开论文都涉及啤酒业。啤酒市场的特点是，存在着两种排他性协议。其一，啤酒生产商经常授予分销商（批发商，它们再销售给零售商）在自己经营领域里的独家销售权。逐渐地，这种独家销售权在不同州都受到联邦法律和州法律的重大影响。例如，美国最高法院 1967 年通过了 Schwinn 决议（388 U. S. 365），1977 年通过了 Sylvania 决议（433 U. S. 36），在此期间，区域性排他在本质上是非法的（但这并没有完全取缔区域性排他，因为啤酒生产商有权终止经销商在它们的经营领域之外进行销售）。同样地，印第安纳州也禁止此类排他性协议。其他许多州，像伊利诺依，允许啤酒生产商的区域性排他行为。其二，最大的两个啤酒生产商 Anheuser Busch 和 Miller，同它们的某些经销商签订了合约，禁止经销商销售其他品牌的啤酒（Anheuser Busch 曾一度称这个扩大专营分销商规模的计划为“百分百智力份额”方案）。

关于区域性排他，Culbertson 和 Bradford（1991）以及 Sass 和 Sauerman（1993，1996）的论文证实，区域性排他导致了更高的零售价格。同时，Sass 和 Sauerman 的论文也表明，啤酒消费量，如果有什么不同的话，在允许区域性排他的州会更高。他们以此证明了排他效应确实能促进经销商更努力地销售产品。比如，Sass 和 Sauerman（1993）的论文利用各州在 1982—1987 年间啤酒销量和价格的面板数据来估测啤酒的供求函数（运用两阶段最小二乘法）。他们发现，无论以何种价格出售啤酒，区域性排他都增加了啤酒的需求（他们认为，这体现分销商更努力），但降低了啤酒的供给（这反映竞争减弱了）。根据他们对简化的价格和数量的估计，区域性排他的净效应是抬高了价格（在允许区域性排他的州，价格大约高出 7%），但没有降低交易数量。

Sass（2005）研究了只允许分销商销售单一品牌啤酒的独家交易的决定因素和效果。他的数据来自于 1996 年至 1997 年全国啤酒批发商协会对啤酒批发商所做的调查（该样本中有 391 份回应，回应率为 21%）。Sass 发现，该分销商所在的区域人口越多，或者它的最大的啤酒供应商在该区域的市场份额越大，又或者该州允许啤酒广告宣传，那么该经销商更可能实行区域性排他。头两点与这样一种观点是一致的：只有在分销商能够独立获得足够利润的情况下，它才乐于从啤酒生产商那里取得专营权。第二点也可能与把竞争对手从低成本分销渠道排挤出去的做法相一致。第三点与 Marvel 的假说一致：重要的生产商做出的促销努力促进了排他性交易。Sass 还研究了排他性对价格和人均销量的影响，结果是：在排他性交易的条件下，价格稍高些（高出约 4%），而销量则更高（高出约 30%）。对销量造成如此影响的原因到底是受欢迎的品牌更适合排他性交易，还是独家零售商因此而投入更多努力，或者是与独家零售商签订了独家交易的分销商自身更具动力，尚不清楚。Sass 最后研究了在 Anheuser Busch 拥有一个独家分销商的情况下，同一领域里作为竞争对手的生产商与分销商的价格和销量。他没有在统计上发现明显对价格与销量的影响，认为不存在排斥效果。

最近的两篇工作论文（Asker（2004a, 2004b））也对啤酒分销商签订的独家交易进行了研究，而且采用了更有条理的分析方法。Asker 关注的也是一个特殊的市场——1994 年的芝加哥，所以他对啤酒生产商和分销商所面对的竞争结构有一个相当全面的把握。他采用的数据包括有关分销商的领域和品牌的信息，以及该城市一个大型连锁超市确定的批发价和零售价。Asker 首先根据第 3 章讨论过的随机系数离散选择模型（random coefficient discrete choice model）对啤酒的需求进行了评估。跟当时一样，尽管他需要考虑纵向科层的定价决策，但他还是通过估算推断出了边际成本。他假定啤酒生产商在考虑了自身和分销商的边际成本后，将选择给连锁超市的零售价。在解决这个问题的过程中，啤酒生产商会考虑超市面对生产商的价格变动时将如何调整其所售啤酒的零售价。这就是他用来推断边际成本的一阶条件。①

Asker 随后考察了这样三个问题：第一，当由一个分销商进行独家销售时，啤酒的需求更大。第二，他证实了当由一个分销商进行独家销售时，边际成本更低（如同 Sass（2005），导致这两种差异的原因是否就是独家交易尚不十分清楚）。第三，当 Anheuser Busch 和

① Villas-Boas（2003）在研究酸奶酪市场上的纵向定价策略时也采用过类似方法。

Miller都利用独家分销商在同一个地区进行销售时，并没有提高较小规模生产商的边际成本。和Sass（2005）一样，他得出的结论是：独家交易似乎提高了效率，但并没有排斥较小的啤酒生产商。当然，这些论文都处于研究的早期阶段。整体上看，它们在分析排他效应的过程中，做出了最前沿的努力，有望推动这方面的研究继续深入下去。

参考文献

Ackerberg, D. , L . Benkard, S. Berry, and A. Pakes. Forthcoming. Econometric tools for analyzing market outcomes. In *Handbook of Econometrics*, ed. J. J. Heckman. Amsterdam, the Netherlands: Elsevier.

Aghion, P. , and P. Bolton. 1987. Contracts as a barrier to entry. *Americam Economic Review* 77(June): 388 – 401.

Andrade, G. , M. Mitchell, and E. Stafford. 2001. New evidence and perspectives on mergers. *Journal of Economic Perspectives* 15: 103 – 120.

Areeda, P. , and H. Hovenkamp. 2004. *Antitrust law: An analysis of antitrust principles and their application.* New York: Aspen Law & Business.

Areeda, P. , and L. Kaplow. 1997. *Antitrust analysis: Problems, text, cases.* 5th ed. New York: Aspen Law & Business.

Asker, J. 2004a. Measuring advantages from exclusive dealing. Mimeo.

Asker, J. 2004b. Diagnosing foreclosure due to exclusive dealing. Mimeo.

Athey, S. , and K. Bagwell. 2001. Optimal collusion with private *information. RAND Journal of Economics* 32:428 – 465.

Athey, S. , K. Bagwell, and C. Sanchirico. 2004. Collusion and price rigidity. *Review of Economic Studies* 71 (April) :317 – 349.

Ausubel, L. M. , and R. J. Deneckere. 1987. One is almost enough for monopoly. *RAND Journal of Economics* 18:255 – 274.

Baker, J. B. 1988. Private information and the deterrent effect of antitrust damage remedies. *Journal of Law, Economics, and Organization* 4 (Fall): 385 – 408.

Baker, J. B. 1999a. Developments in antitrust economics. *Journal of Economic Perspectives* 13:181 – 194.

Baker, J. B. 1999b. Econometric analysis in *FTC v. Staples. Journal of Public Policy & Marketing* 18:11 – 21.

Baker, J. B. , and T. F. Bresnahan. 1985. The gains to merger or collusion in product-differentiated industries. *Journal of Industrial Economics* 33:427 – 444.

Baker, J. B. , and T. F. Bresnahan. 1988. Estimating the residual demand curve facing a single firm. *International Journal of Industrial Organization* 6:283 – 300.

Baker, J. B. , and D. L. Rubinfeld. 1999. Empirical methods used in antitrust litigation: Review and critique. *American Law and Economics Review* 1:386 – 435.

Baldwin, L. H. , R. C. Marshal, and J. -F. Richard. 1997. Bidder collusion at forect service timber sales. *Journal of Political Economy* 105:657 – 699.

Barton, D. M. , and R. Sherman. 1984. The price and profit effects of horizontal merger: A case study. *Journal of Industrial Economics* 33:165 – 177.

Beckner, C. F. III, and S. C. Salop. 1999. Decision theory and antitrust tules. *Antitrust Law Journal* 67:41 – 76.

Benoit, J. -P. 1984. Financially constrained entry in a game with incomplete information. *RAND Journal of Economics* 4:490 – 499.

Bernheim, B. D. , and M. D. Whinston. 1985. Common marketing agency as a device for facilitating collusion. *RAND Journal of Economics* 16:269

–281.

Bernheim, B. D. , and M. D. Whinston. 1986a. Menu auctions, resource allocation, and economic influence. *Quarterly Journal of Economics* 101 (February):1 –31.

Bernheim, B. D. , and M. D. Whinston. 1986b. Common agency. *Econometrica* 54 (July):923 –942.

Bernheim, B. D. , and M. D. Whinston. 1990. Multimarket contact and collusive behavior. *RAND Journal of Economics* 21:1 –26.

Bernheim, B. D. , and M. D. Whinston. 1998. Exclusive dealing. *Journal of Political Economy* 106(February):64 –103.

Berry, S. T. 1994. Estimating discrete choice models of product differentiation. *RAND Journal of Economics* 25:242 –262.

Berry, S. T. , J. Levinsohn, and A. Pakes. 1995. Automobile prices in market equilibrium. *Econometrica* 63:841 –890.

Berry, S. T. , and A. Pakes. 1993. Some applications and limitations of recent advances in empirical industrial organization: Merger analysis. *American Economic Review Papers and Proceedings* 83:247 –252.

Besanko, D. , and M. Perry. 1993. Equilibrium incentives for exclusive dealing in differentiated products oligopoly. *RAND Journal of Economics* 24(Winter):646 –667.

Besanko, D. , and M. Perry. 1994. Exclusive dealing in a spatial model of retail competition. *International Journal of Industrial Organization* 12 (September):297 –329.

Besanko, D. , and D. F. Spulber. 1993. Contested mergers and equilibrium antitrust policy. *Journal of Law, Economics, and Organizion* 9:1 –29.

Bloch, F. 1996. Sequential formation of coalitions in games with externalities and fixed payoff division. *Games and Economic Behavior* 14:90 –123.

Block, K. B. , F. C. Nold, and J. G. Sidak. 1981. The deterrent effect of antitrust enforcement. *Journal of Political Economy* 89:429 –445.

Bolton, P. , and D. Scharfstein. 1990. A theory of predation based on agency problems in financial contracting. *American Economic Review* 80: 93

-106.

Borenstein, S. 1990. Airline mergers, airport dominance, and market power. *American Economic Review* 80:400-404.

Bork, R. H. 1978. *The antitrust paradox: A policy at war with itself*. New York: Basic Books.

Bresnahan, T. F. 1987. Competition and collusion in the american automobile industry: The 1955 price war. *Journal of Industrial Economics* 35:457-482.

Bresnahan, T. F. 1989. Empirical methods in industries with market power. In *Handbook of Industrial Organization* vol. II, eds. R. Schmalensee and R. Willig. Amsterdam, the Netherlands: Elsevier.

Brock, W., and J. Scheinkman. 1985. Price-setting supergames with capacity constraints. *Review of Economic Studies* 52:371-382.

Carlton, D. W., and R. H. Gertner. 1989. Market power and mergers in durable goods industries. *Journal of Law and Economics* 32:203-226.

Carlton, D. W., R. H. Gertner, and A. Rosenfiel. 1997. Communication among competitors: Game theory and atitrust. *George Mason Law Review* 5:423-440.

Choi, D., and G. C. Philippatos. 1983. Financial consequences of antitrust enforcemen. *Review of Economics and Statistics* 65:501-506.

Coase, R. H. 1972. Durability and monopoly. *Journal of Law and Economics* 15:143-149.

Compte, O. 1998. Communication in repeated games with imperfect private monitoring. *Econometrica* 66:597-626.

Compte, O., F. Jenny, and P. Rey. 2002. Capacity constraints, mergers, and collusion. *European Economic Review* 46:1-29.

Connor, J. M. 2001a. *Global price fixing: Our customers are the enemies*. Boston: Kluwer Academic Publishers.

Connor, J. M. 2001b. "Our customers are our enemies": The lysine cartel of 1992-1995. *Review of Industrial Organization* 18:5-21.

Cramton, P., and T. Palfrey. 1990. Cartel enforcement with uncertainty about costs. *International Economic Review* 31:17-47.

Crawford, V. 1998. A survey of experiments on communication via cheap talk. *Journal of Economic Theory* 78 (February): 286 – 298.

Crawford, V., and J. Sobel. 1982. Strategic information transmission. *Econometrica* 50: 1431 – 1451.

Culbertson, W. P., and D. Bradford. 1991. The price of beer: Some evidence from interestate comparisons. *International Journal of Industrial Organization* 9: 275 – 289.

Daughety, A. F., and R. Forsythe. 1987. Industry-wide regulation and the formation of reputations: A laboratory analysis. In *Pubic regulation: New perspectives on institutions and policies*. ed. E. Bailey. Cambridge, MA: MIT Press, 347 – 398.

Davidson, C., and R. Deneckere. 1984. Horizontal mergers and collusive behavior. *International Journal of Industrial Organization* 2: 117 – 132.

Deneckere. R., and C. Davidson. 1985. Incentives to form coalitions with bertrand competition. *RAND Journal of Economics* 16: 473 – 486.

Dweatripont, M. 1988. Commitment through renegotiation-proof contracts with third parties. *Review of Economic Studies* 55 (July): 377 – 389.

Dick, A. R. 1996a. Indentifying contracts, combinations and conspiracies in restraint of trade. *Managerial and Decision Economics* 17: 203 – 216.

Dick, A. R. 1996b. When are cartels stable contracts? *Journal of Law and Economics* 39: 241 – 283.

Director, A., and E. Levi. 1956. Law and the future: Trade regulation. *Northwestern University Law Review* 51: 281 – 296.

Eckbo, B. E. 1983. Horizontal mergers, collusion, and stockholder wealth. *Journal of Financial Economics* 11: 241 – 273.

Evans, W. N., and I. N. Kessides. 1994. Living by the "golden rule": Multimarket contact in the U. S. airline industry. *Quarterly Journal of Economics* 109: 341 – 366.

Farrell, J., and M. Rabin. 1996. Cheap talk. *Journal of Economic Perspectives* 10: 103 – 118.

Farrell, J., and C. Shapiro. 1990. Horizontal mergers: An equilibrium analysis. *American Economic Review* 80: 107 – 126.

Feinberg, R. M. 1980. Antitrust enforcement and subsequent price behavior. *Review of Economics and Statistics* 62:609 - 612.

Fershtman, C., and A. Pakes. 2000. A dynamic game with collusion and price wars. *RAND Journal of Economics* 31:207 - 236.

Focarelli, D., and F. Panetta. 2003. Are mergers beneficial to consumers?: Evidence from the market for bank deposits. *American Economic Review* 93:1152 - 1172.

Frasco, G. 1991. *Exclusive dealing: A comprehensive case study*. New York: University Press of America.

Froeb, L. M., R. A. Koyak, and G. J. Werden. 1993. What is the effect of bidrigging on prices? *Economics Letters* 42:419 - 423.

Fumagalli, C., and M. Motta. 2003. Exclusive dealing and entry when buyers compete. Mimeo.

Genesove, D., and W. P. Mullin. 2001. Rules, communiction, and collusion: Narrative evidence from the sugar institute case. *American Economic Review* 91:379 - 398.

Gerstle, A. D., and M. Waldman. 2004. Mergers in durable-goods industries: A re-examination of market power and welfare effects. Mimeo.

Gowrisankaran, G. 1999. A dynamic model of endogenous horizontal mergers. *RAND Journal of Economics* 30:56 - 83.

Gowrisankaran, G., and T. J. Holmes. 2004. Mergers and evolution of industry concentration: Results from the dominant-firm model. *RAND Journal of Economics* 35:561 - 582.

Green, E. J., and R. H. Porter. 1984. Noncooperative collusion under imperfect price information. *Econometrica* 52:87 - 100.

Griffin, J. M. 2001. An inside view of a cartel at work: Common charcteristics of international cartels. In *Fighting cartels—Why and how*? Stockholm, Sweden: Konkurrensverket, Swedish Competition Authority.

Griliches. Z., and J. Mairesse. 1995. Production functions: The search for identification. NBER working paper No. 5067.

Grossman, S. J., and O. D. Hart. 1986. The costs and benefits of ownership: A theory of vertical and lateral integration. *Journal of Political Economy*

94(August):691 –719.

Gul, F. 1987. Noncooperative collusion in durable goods oligopoly. *RAND Journal of Economics* 18:248 –254.

Hart, O. D., and J. Tirole. 1990. Vertical integration and market foreclosure. *Brookings Papers on economic Activity*, *Microeconomics*, 205 – 286.

Hastings, J. 2004. Vertical relationships and competition in retail gasoline markets: Emprical evidence from contract changes in southern california. *American Economic Review* 94:317 –328.

Hausman. J. A. 1996. Valuation of new goods under perfect and imperfect competition. In *The economics of new goods*, eds. T. Bresnahan and R. Gordon. Studies in Income and Wealth (58), Chicago, IL: National Bureau of Economic Research.

Hausman, J. A., G. Leonard, and J. D. Zona. 1994. Competitive analysis with differentiated products. *Annales D'Economie et de Statistique* 34:159 –180.

Hay, G. A., and D. Kelley. 1974. An empirical survey of price-fixing conspiracies. *Journal of Law and Economics* 17(April):13 –38.

Heide, J. B., S. Dutta, and M. Bergen. 1998. Exclusive dealing and business effciency: Evidence from industry practice. *Journal of Law and Economics* 41:387 –407.

Holt, C. 1993. Industrial organization: A survey of laboratory research. In *Handbook of Experimental Economics*, eds. J. Kagel and A. Roth. Princeton, NJ: Princeton University Press.

Hosken, D. S., and C. T. Taylor. 2004. The economic effects of the Marathon-Ashland joint venture. Mimeo.

Howard, J. H., and D. Kaserman. 1989. Proof of damages in construction industry bid rigging cases. *The Antitrust Bulletin* 34:359 –393.

Innes, R., and R. J. Sexton. 1994. Strategic buyers and exclusionary contracts. *American Economic Review* 84(June):566 –584.

Jensen, M. C., and R. S. Ruback, 1983. The market for corporate control: The scientific evidence. *Journal of Financial Economics* 11:5 –50.

Kamien, M. I. , and I. Zang. 1990. The limits of monopolization through acquisiton. *Quarterly Journal of Economics* 105:465 - 500.

Kandori. M. , and H. Matsushima. 1998. Private observation, communication, and collusion. *Econometrica* 66:627 - 652.

Kaplan, S. N. , ed. 2000. *Mergers and productioity*, Chicago: University of Chicago Press.

Kaplan, S. N. , M. L. Mitchell, and K. H. Wruck. 2000. A clinical exploration of value creation and destruction in acquisitions: Organizational design, incentives, and internal capital markets. In *Mergers and productivity*, ed. S. N. Kaplan. Chicago: University of Chicago Press.

Kihlstrom, R. , and X. Vives. 1992. Collusion by asymmetrically informed firms. *Journal of Economics and Management Strategy* 1:371 - 396.

Kim, E. H. , and V. Singal. 1993. Mergers and market power: Evidence from the airline industry. *American Economic Review* 83:549 - 569.

Klein, B. 1988. Vertical integration as organizational ownership: The Fisher Body-General Motors relationship revisited. *Journal of Law, Economics and Organization* 4:199 - 213.

Kole, S. , and K. Lehn. 2000. Workforce integration and the dissipation of value in mergers: The case of USAir's acquisition of piedmont aviation. In *Mergers and Productivity*, ed. S. N. Kaplan. Chicago: University of Chicago Press.

Krattenmaker, T. G. , and S. C. Salop. 1986. Anticompetitive exclusion: Raising rival' costs to achieve power over price. *Yale Law Journal* 209: 209 - 293.

Kuhn, K. -U. 2001. Fighting collusion by regulating communication between firms. *Economic Policy: A European Forum* 32:167 - 197.

Kwaoka, J. E. , Jr. 1997. The price effects of bidding conspiricacies: Evidence from real estate auction "Knockouts". The Antitrust Bulletin 42:503 - 516.

Levin, D. 1990. Horizontal mergers: The 50-percent benchmark. *American Economic Review* 80:1238 - 1245.

Levinsohn, J. , and A. Petrin. 2003. Estimating production functions using intermediate inputs to control for unobservables. *Review of Economic Studies* 70:317 – 341.

Lichtenberg, F. R., and D. Siegel. 1987. Producivity and changes in ownership of manufacturing plants. *Brooking Papers on Economic Activity: Special Issue on Microeconomics*, Washington, D. C.: The Brookings Intstitution.

Mackay, R. J. 1984. Mergers for monopoly: Problems of expectations and commitment. Mimeo.

Mankiw, N. G., and M. D. Whinston. 1986. Free entry and social inefficiency. *RAND Journal of Economics* 17:48 – 58.

Marin, P. L., and R. Sicotte. 2003. Exclusive contracts and market power: Evidence from ocean shipping. *Journal of Industrial Economics* 51:193 – 213.

Marquez, J. 1994. Life expectancy of international cartels: An empirical analysis. *Review of Industrial Organization* 9:331 – 341.

Martimort, D. 1996. Exclusive dealing, common agency, and multipricipals incentive theory. *RAND Journal of Economics* 27(Spring):1 – 31.

Marvel, H. P. 1982. Exclusive dealing. *Journal of Law and Economics* 25 (Spring):1 – 25.

Mas-Colell, A., M. D. Whinston, and J. R. Green. 1995. *Microeconomic theory*, New York: Oxford University Press.

Masten, S. E., and E. A. Snyder. 1993. United States versus United Shoe machinery: On the merits. *Journal of Law and Economics* 36:33 – 70.

Mathevwson, G. F., and R. A. Winter. 1987. The competitive effects of vertical agreements. *American Economic Review* 77 (December): 1057 – 1062.

McAfee, R. P., and J. McMillan. 1992. Bidding rings. *Amercial Economic Review* 82:579 – 599.

McAfee, R. P., and M. Schwartz. 1994. Opportunism in multilateral vertical contracting: Nondiscrimination, exclusivity, and uniformity. *American Economic Review* 84(March):210 – 230.

McAfee, R. P., and M. A. Williams. 1988. Can event studies deect anticompetitive mergers? *Economics Letters* 28:199 – 203.

McAfee, R. P., and M. A. Williams. 1992. Horizontal mergers and antitrust policy. *Journal of Industrial Economics* 40:181 – 186.

McCutcheon, B. 1997. Do meetings in smoke-filled rooms facilitate collusion? *Journal of Political Economy* 105:330 – 350.

McFadden, D. 1981. Econometric models of probabilistic choice. In *Structural analysis of discrate data*, eds. C. Manski and D. McFadden. Cambridge, MA: MIT Press, 198 – 272.

McGuckin, R. H., and S. V. Nguyen. 1995. On productivity and plant ownership change: New evidence from the longitudinal research database. *RAND Journal of Economics* 26:257 – 276.

Mullin, J. C., and W. P. Mullin. 1997. United States Steel's acquisition of the Great Northern ore properties: Vertical foreclosure or efficient contractual governance? *Journal of Law, Economics, and Organization* 13:74 – 100.

Mullin, G. L., J. C. Mullin, and W. P. Mullin. 1995. The competitive effects of mergers: Stock market evidence from the U. S. steel dissolution suit. *RAND Journal of Economics* 26:314 – 330.

Neal Report. White House Task Force on Antitrust Policy. 1968. In Small business and the Robinson-Patman Act: Hearinge before the special subcommittee on small business and the Robinson-Patman Act of the White House select committee on small business. 1969. 91st Cong., 1st sess., vol. 1.

Neven, D. 2001. "Collusion" under article 81 and the merger regulation. In *Fighting cartels—Why and how*? Stockholm, Sweden: Konkurrensverket, Swedish Competition Authority, 56 – 77.

Nevo, A. 1997. Demand for ready-to-eat cereal and its implications for price competition, merger analysis, and valuation of new goods, PhD diss., Harvard University.

Nevo, A. 2000a. A practitioner's guide to estimation of random coefficients logit models of demand. *Journal of Economics and Management Strategy* 9:513 – 548.

Nevo, A. 2000b. Mergers with differentiated products: The case of the ready-to-eat cereal industry. *RAND Journal of Economics* 31:395 – 421.

Nevo, A. 2001. Measuring market power in the ready-to-eat cereal industry. *Econometrica* 69:307 – 342.

Newmark, C. M. 1988. Is antitrust enforcement effective? *Journal of Political Economy* 96:1315 – 1328.

O'Brien, D. P., and G. Shaffer. 1992. Vertical control with bilateral contracts. *RAND Journal of Economics* 23 (Autumn): 299 – 308.

O'Brien, D. P., and G. Shaffer. 1997. Nonlinear supply contracts, exclusive dealing, and equilibrium market foreclosure. *Journal of Economics and Management Strategy* 6 (Winter): 755 – 785.

Olley, G. S., and A. Pakes. 1996. The dynamics of productivity in the telecommunications equipment industry. *Econometerica* 64:1263 – 1298.

Ordover, J. A., G. Saloner, and S. C. Salop. 1990. Equilibrium vertical foreclosure. *American Economic Review* 80:127 – 142.

Ornstein, S. 1989. Exclusive dealing and antitrust. *Antitrust Bulletin* 34 (Spring): 65 – 98.

Pautler, P. A. 2003. Evidence on mergers and acquisitions. *Antitrust Bulletin* 48:119 – 221.

Perry, M. K., and R. Porter. 1985. Oligopoly and the incentive for horizontal merger. *American Economic Review* 75:219 – 227.

Pesendorfer, M. 2003. Horizontal mergers in the paper industry. *RAND Journal of Economics* 34:495 – 515.

Peters, C. 2003. Evaluating the performance of merger simulation: Evidence from the U. S. airline industry. Working Paper 32, Northwestern University, Center for the Study of Industrial Organization.

Phillips, O., and C. Mason. 1992. Mutual forebeararance in experimental conglomerate markets. *RAND Journal of Economics* 23:395 – 414.

Porter, R. H. 1983. A study of cartel stability: The joint executive committee, 1880 – 1886, *Bell Journal of Economics* 14:301 – 314.

Porter, R. H., and J. D. Zona. 1993. Detection of bid rigging in procurement auctions. *Journal of Political Economy* 101:518 – 538.

Porter, R. H., and J. D. Zona. 1999. Ohio school milk markets: An analysis of bidding. *RAND Journal of Economics* 30:263 – 288.

Posner, R. A. 1976. *Antitrust law: An economic perspective*, Chicago: University of Chicago Press.

Posner, R. A. 2001. *Antitrust law*, 2nd edition. Chicago: University of Chicago Press.

Posner, R. A., and F. H. Easterbrook. 1981. *Antitrust: Cases, economic notes, and other material.* 2nd ed. St. Paul, MN: West Publishing Co.

Prager, R. A. 1992. The effects of horizontal mergers on competition: The case of the northern securities company. *RAND Journal of Economics* 23: 123 – 133.

Prager, R. A., and T. H. Hannan. 1998. Do substantial horizontal mergers generate sinificant price effects? Evidence from the banking industy. *Journal of Industrial Economics* 46:433 – 452.

Prat, A., and A. Rustichini. 2003. Games played through agents. *Econometrica* 71:989 – 1026.

Rasmusen, E. B., J. M. Ramseyer, and J. S. Wiley. 1991. Naked exclusion. *American Economic Review* 81 (December): 1137 – 1145.

Ravenscraft, D. J., and F. M. Scherer. 1987. *Mergers, sell-offs, and economic efficiency*, Washington, D. C.: Brookings Institution.

Rey, P., and J. Tirole. (forth.) A primer on foreclosure. In *Handbook of industrial organization*, Vol. III, eds. M. Armstrong and R. H. Porter. Amsterdam, the Netherlands: North-Holland.

Rey, P., and T. Verge. 2004. Resale price maintenance and horizontal catel. Mimeo.

Roberts, K. 1985. Cartel behaviour and adverse selection. *Journal of Industrial Economics* 33:401 – 413.

Salant, S. W. 1987. Treble damage awards in private lawsuits for price fixing. *Journal of Political Economy* 95 (December): 1326 – 1336.

Salant, S. W., S. Switzer, and R. J. Reynolds. 1983. Losses from horizontal mergers: the effect of an exogenous change in industry structure on cournot-equilibrium. *Quarterly Journal of Economics* 98:185 – 199.

Sass, T. R., and D. S. Sauerman. 1993. Mandated exclusive territories and economic efficiency: An empirical analysis of the malt-beverage industry. *Journal of Law and Economics* 36:153 - 177.

Sass, T. R., and D. S. Sauerman. 1996. Efficiency effects of exclusive teritories: Evidence from the Indiana beer market. *Economic Inquiry* 34: 597 - 615.

Scherer, F. M., and D. Ross. 1990. *Industrial market structure and economic performance.* 3rd ed. Boston: Houghton Mifflin Company.

Segal, I. 1999. Contracting with externalities. *Quarterly Journal of Economics* 114:337 - 388.

Segal, I., and M. D. Whinston. 2000a. Naked exclusion: Comment. *American Economic Review* 90(March):296 - 309.

Segal, I., and M. D. Whinston. 2000b. Exclusive contracts and protection of investments. *RAND Journal of Economics* 31(Winter):603 - 633.

Segal, I., and M. D. Whinston. 2003. Robust predictions for bilateral contracting with externalities. *Econometrica* 71(May):757 - 791.

Shleifer, A., and L. H. Summers. 1988. Breach of trust in hostile takeovers. In *Corporate takeovers: Causes and consequences*, ed. A. Auerbach. Chicago: University of Chicago Press, 33 - 56.

Simpson, J., and A. L. Wickelgren. 2004. Naked exclusion, efficient brech, and downstream competition. Mimeo.

Spector, D. 2003. Horizontal mergers, entry, and efficeiency defencses. *International Journal of Industrial Organization* 21: 1591 - 1600.

Spector, D. 2004. Are exclusive contracts anticompetitive? Mimeo.

Spier, K., and M. D. Whinstion. 1995. On the efficiency of privately stipulated damages for breach of contract: Entry barriers, reliance, and renegotiation. *RAND Journal of Economics* 26(Summer):180 - 202.

Sproul, M. F. 1993. Antitrust and prices. *Journal of Political Economy* 101: 741 - 754.

Stefanadis, C. 1997. Downstream vertical foreclosure and upstream innovation. *Journal of Industrial Economics* 45(December):445 - 456.

Stefanadis, C. 1998. Selective contracts, foreclosure, and the Chicago School view. *Journal of Law and Economics* 41 (October): 429 – 450.

Stigler, G. J. 1952. The case against big business. *Fortune Magazine*, May.

Stigler, G. J. 1964. A theory of oligopoly. *Journal of Political Economy* 72: 44 – 61.

Stigler, G. J., and J. K. Kindahl. 1970. *The behavior of industrial prices*, New York: Columbia University Press.

Stillman, R. 1983. Examining antitrust policy towards horizontal mergers. *Journal of Financial Economics* 11: 225 – 240.

Suslow, V. Y. 1988. Stability in international cartels: An empirical survey. Working Paper E-88-7, Hoover Institution Domestic Studies Program.

Symeonidis, G. 2003. Inwhich industries is collusion more likely? Evidence from the U. K. *Journal of industrial Economics* 51: 45 – 74.

Taylor, J. E. 2002. The output effect of government sponsored cartels during the new deal. *Journal of Industrial Economics* 50: 1 – 10.

Telser, L. G. 1960. Why should manufacturers want fair trade? *Journal of Law and Economics* 3: 86 – 105.

Tirole, J. 1988. *The theory of industrial organization*, Cambridge, MA: MIT Press.

Turner, D. F. 1962. The definition of agreement under the Sheman Act: Conscious parallism and refusals to deal. *Harvard Law Review* 75 (February): 655 – 706.

Turner, D. F. 1969. The scope of antitrust and other economic regulatory policies. *Harvard Law Review* 82: 1207 – 1231.

Villas-Boas, S. B. 2003. Vertical contracts between manufacturers and retailers: An empirical analysis. Mimeo.

Vita, M. G., and S. Sacher. 2001. The competitive effects of not-for-profit hospital mergers: A case study. *Journal of Industrial Econoimcs* 49: 63 – 84.

Weiss, L. W., ed. 1990. *Concentration and price*, Cambridge, MA: MIT Press. Werden, G. 1990. Antitrust policy toward horizontal mergers: A comment on Farrell and Shapiro. Department of Justice Economic Analysis Group Discussion Paper 90 - 4.

Werden, G. 1997. An economic perspective on the analysis of merger efficiencies. *Antitrust*, 12 - 16.

Werden, G., and L. Froeb. 1994. The effects of mergers in differnetiated products industries: Logit demand and merger policy. *Journal of Law, Economics, and Organization* 10: 407 - 426.

Werden, G., and L. Froeb. 1998. The entry-inducing effects of horizontal mergers: An exploratory analysis. *Journal of Industrial Economics* 46: 525 - 543.

Werden, G. J., A. S. Joskow, and R. L. Johnson. 1991. The effects of mergers on prices and output: Two cases from the airline industry. *Managerial and Decision Economics* 12: 341 - 352.

Whinston, M. D. 1990. Tying, foreclosure, and exclusion. *American Economics Review* 80: 837 - 859.

Whinston, M. D. 2001. Exclusivity and tying in U. S. v. Microsoft: What we know, and don't know. *Journal of Economic Perpsectives* 15: 63 - 80.

White, L. J. 2001. Lysine and price fixing: How long? How severe? *Review of Industrial Organization* 18: 23 - 31.

Williamson, O. E. 1968. Economies as an antitrust defense: The welfare tradeoffs. *American Economic Review* 58: 407 - 426.

Yi, S. -S. 1997. Stable coalition structures with externalities. *Games and Economic Behavior* 20: 201 - 237.

术语汇编

100% Share of Mind program	百分百智力份额方案
Administration costs	行政成本
Administrative law judge	行政法官
Aggregation	加总
concentration levels and	集中度水平和加总
consumer surplus and	消费者剩余和加总
exclusive contracts and	独家交易和加总
(see also exclusionary contracts)	(也见独家交易)
external effect and	外部效应和加总
first-mover models and	先发优势模型和加总
horizontal mergers and	横向兼并和加总
merger simulation and	兼并模拟和加总
procompetitive justifications and	有利于竞争的辩护和加总

Hart-Scott-Rodino Act and	《哈特—斯科特—罗迪诺法》和反垄断法
incentive problem and	激励问题和反垄断法
information revelation problem and,	信息披露问题和反垄断法
Microsoft case	微软案例
monetary damages and	货币损害赔偿金和反垄断法
per se rule and	本身违法原则和反垄断法
rule of reason and	合理推定原则和反垄断法
sanctions and	惩罚和反垄断法
Schwinn decisions and	Schwinn 决议和反垄断法
Sherman Act and	谢尔曼法和反垄断法
Standard Fashion Company v. Magrane-Houston Company case	Standard Fashion 公司诉 Magrane-Houston 公司案
Sylvania decision and	Sylvania 决议和反垄断法
Third Court of Appeals and	第三上诉法庭和反垄断法
Trans-Missouri case	Trans-Missouri 案
United Shoe Machinery case	联合制鞋机械公司案
United States and	美国和反垄断法
U. S. v. Dentsply case	U. S. 诉 Dentsply 案例
U. S. v. Visa U. S. A. case	U. S. 诉 Visa U. S. A. 案例
Antitrust policy	反垄断政策
administration costs and	行政成本和反垄断政策
Clayton Act and	克莱顿法和反垄断政策
collusion and (see also Collusion)	串谋和反垄断政策（也见串谋）
Federal Trade Commission (FTC) Act and	联邦贸易委员会(FTC)法和反垄断政策
price fixing and (see also Price fixing)	价格操纵和反垄断政策（也见价格操纵）

Sherman Act and	谢尔曼法和反垄断政策
Ashland oil	Ashland 石油公司
AT&T	AT&T 公司
Automobile industry	汽车产业
Automobiles	汽车
Banking	银行业
Bargaining process	谈判过程
bidding game and	要约博弈和谈判过程
competition reduction and	竞争削弱和谈判过程
exclusive contracts and	独家交易和谈判过程
offer game and	要约博弈和谈判过程
outside parties and	局外人和谈判过程
Beer manufacturers	啤酒制造商
Bertrand model	伯川德模型
Bidding game	竞价博弈
Bid rigging schemes	竞价设计计划
Bilateral contracting	双边缔约
Bread industry	面包产业
Burlington Northern Railroad	柏林顿北方铁路公司
Canada's Competition Act	加拿大的竞争法
Cartels(See also Price fixing)	卡特尔(也见价格操纵)
detection of	卡特尔的识别
firm behavior and	企业行为和卡特尔
lysine	赖氨酸
ocean shipping	国际海运卡特尔
phantom bidders and	虚假竞标者和卡特尔
procurement auctions and	采购品拍卖和卡特尔
Certificates of deposit (CDs)	存款账户(CDs)
Cheap talk	廉价磋商
Chicago, School	芝加哥学派
Aghion-Bolton model and	Aghion-Bolton 模型与芝加哥学派

Director and	Director 和芝加哥学派
externalities across buyers and	买方外部性和芝加哥学派
first-mover models and	先动模型和芝加哥学派
procompetitive justifications and	有利竞争的辩护和芝加哥学派
Clayton Act	克莱顿法
Collusion(See also Price fixing)	串谋(也见价格操纵)
capacity limitations and	生产能力限制和串谋
cartel's expected profit	卡特尔的预期利润
cheap talk and	廉价磋商和串谋
cheating incentives and	欺骗激励和串谋
coordination problem and.	协调问题和串谋
D. C. real estate case and	D. C. 房地产案例和串谋
ease of sustaining	持续串谋难易度
enforcement actions and	实施行动和串谋
horizontal mergers and	横向兼并和串谋
information revelation problem and	信息披露问题和串谋
lysine cartel and	赖氨酸卡特尔和串谋
merger simulation and	兼并模拟和串谋
multimarket contact and	多市场关联和串谋
procurement auctions and	采购拍卖和串谋
sanctions and	惩罚和串谋
sewer construction case and	下水道施工案和串谋
structural factors affecting.	影响串谋的结构性因素
sustaining of	串谋的维持
tacit	默契串谋
Common agency	共同代理
Communication	沟通
cheap talk and	廉价磋商和沟通
coordination problem and	协调问题和沟通
detection of	沟通的发现
enforcement risk and	实施风险和沟通

Third Court of Appeals and	第三上诉法庭和竞争
Trans-Missouri case and	Trans-missouri 案例和竞争
Williamson trade-off and	威廉姆森权衡和竞争
Concentration levels	集中度水平
calculation of	集中度水平的计算
changes in	集中度水平的变化
Cournot equilibrium and	古诺均衡和集中度水平
Horizontal Merger Guidelines and	横向兼并准则和集中度水平
price effects and.	价格效应和集中度水平
Consent decree	仲裁协议
Consumer surplus	消费者剩余
Continental Airlines	大陆航空
Conwood v. United States Tobacco	Conwood 诉美国烟草公司
Coordination problem	协调问题
Cournot competition	古诺竞争
duopoly profit and	双寡头垄断利润和古诺竞争
entry and	进入和古诺竞争
horizontal mergers and	横向兼并和古诺竞争
price fixing and	价格操纵和古诺竞争
Cournot equilibrium	古诺均衡
Credit cards	信用卡
Criminal penalties	刑事惩罚
Customer lists	客户清单
Decrees	协议
Demand elasticity	需求弹性
automobile industry and	汽车产业和需求弹性
Independence of Irrelevant Alternatives (IIA) and	无关选择的独立性(IIA)和需求弹性
production costs and	生产成本和需求弹性
residual estimation and	剩余估计和需求弹性

procompetitive justifications and	竞争前合理性和排他性合约
retail competition and	零售竞争和排他性合约
seller profitability and	卖方获利能力和排他性合约
Sherman Act and	谢尔曼法和排他性合约
symmetry and	对称和排他性合约
territorial	区域排他性合约
Third Court of Appeals and	第三上诉法庭和排他性合约
traditional view of	排他性合约的传统观点
Visa and	Visa 和排他性合约
welfare effects and	福利效应和排他性合约
externalities	外部性
buyer investments and	买方投资和外部性
complementary	互补外部性
empirical evidence for	外部性的经验证据
exclusive contracts and	独家交易和外部性
retail competition and	零售竞争和外部性
seller investments and	卖方投资和外部性
substitutes and	替代品和外部性
welfare effects and	福利效应和外部性
Farmers	农民
Federal Bureau of Investigation(FBI)	联邦调查局(FBI)
Federal Trade Commission (FTC)	联邦贸易委员会(FTC)
collusion and (see also Collusion)	串谋和联邦贸易委员会(也见串谋)
concentration levels and	集中度水平和联邦贸易委员会
defining relevant market and	界定相关市场和联邦贸易委员会
endogenous mergers and	内生兼并和联邦贸易委员会

General Motors	通用汽车公司(GM)
Great Northern Railway	大北方铁路公司
Herfindahl-Hirschman Index	赫芬达尔-赫希曼指数
banking mergers and	银行兼并和赫芬达尔-赫希曼指数
horizontal mergers and	横向兼并和赫芬达尔-赫希曼指数
oil industry and	石油产业和赫芬达尔-赫希曼指数
price fixing and	价格操纵和赫芬达尔-赫希曼指数
Hold-out problem	敲竹杠问题
Horizontal Merger Guidelines	横向兼并准则
capacity limitation and	生产能力限制和横向兼并准则
concentration levels and	集中度水平和横向兼并准则
demand elasticity and	需求弹性和横向兼并准则
ease of entry and	进入便利和横向兼并准则
econometric approaches to	横向兼并准则的计量方法
efficiencies and	效率和横向兼并准则
market definition and	市场界定和横向兼并准则
performance evaluation and	绩效评估和横向兼并准则
procompetitive justifications and	预先竞争合理性和横向兼并准则
SSNIP test and	SSNIP 检验和横向兼并准则
structural factors and	结构因素和横向兼并准则
substitution patterns and	替代模式和横向兼并准则
sustaining collusion and	持续串谋和横向兼并准则
Horizontal mergers	横向兼并
actual results examination and	实际结果检验和横向兼并
aggregation and	加总和横向兼并
airline industry and	航空产业和横向兼并

product changes and	产品变化和横向兼并
production costs and	生产成本和横向兼并
purchase delays and	推迟购买和横向兼并
railroads and	铁路和横向兼并
repeated interaction and	重复的相互作用和横向兼并
residual demand estimation and	剩余需求估计和横向兼并
scale technologies and	规模技术和横向兼并
Sherman Act and	谢尔曼法和横向兼并
simulation and	模拟和横向兼并
substitution patterns and	替代模式和横向兼并
sufficient conditions for	横向兼并的充分条件
telecommunications industry and	电信产业和横向兼并
U. S. court hostility and	美国法庭敌意和横向兼并
welfare effects and	福利效应和横向兼并
Williamson trade-off and	威廉姆森权衡和横向兼并
Hospitals	医院
Incentive problem	激励问题
Independence of Irrelevant Alternatives (IIA)	无关选择的独立性(IIA)
Indiana	印第安纳
Industry	产业
aggregate effects and	加总效应和产业
agreement and	协议和产业
airline	航空产业
automobile	汽车产业
banking	银行产业
cheap talk and	廉价磋商和产业
communication and	沟通
coordination problem and	协调问题和产业
demand function and	需求函数和产业
exclusive contracts and	独家交易和产业
(see also Exclusive contracts)	(也见独家交易)

exclusive contracts and (see also Exclusive contracts) 独家交易和投资(也见独家交易)
non-contractible 无法签约的投资
procompetitive justifications and 有利竞争的辩护和投资
protection of 投资保护
relationship-specific 特定关系的投资
seller 卖方投资
training and 培训和投资
welfare effects and 福利效应和投资
Iron industry 炼铁产业
Iron Law of Consulting 咨询铁律
Joint payoff 联合支付
Kennedy administration 肯尼迪政府
Knock-out auction 敲槌卖出拍卖
Leasing 租赁
Legal issues(see Antitrust law) 法律问题(也见反垄断法)
Longitudinal Establishment Data(LED) 纵向企业数据(LED)
Lysine cartel 赖氨酸卡特尔
Marathon oil Marathon 石油公司
Market definition 市场界定
econometric approaches to 市场界定的计量经济方法
event-study approach and 事件研究方法和市场界定
merger simulation and 兼并模拟和市场界定
residual demand estimation 剩余需求估计
Markets 市场
beer manufacturers and 啤酒制造商和市场
Canada's Competition Act and. 加拿大的竞争法和市场
capacity limitations and 生产能力限制和市场
collusion and. (see also Collusion) 串谋和市场(也见串谋)
competition reduction and 竞争削弱和市场

durable goods and	耐用品和兼并
dynamic environment and	动态环境和兼并
efficiency and	效率和兼并
endogenous	内生性兼并
entry and	进入和兼并
event-study approach and	事件研究方法和兼并
examining actual results of	检验兼并的实际结果
exclusive contracts and (sec also Exclusive contracts)	独家交易和兼并 (也见独家交易)
Horizontal (sec also Horizontal mergers)	横向兼并(也见横向兼并)
product changes and	产品变化和兼并
profits and	利润和兼并
purchase delays and	推迟购买和兼并
repeated interaction and	重复的相互作用动和兼并
scale technologies and	规模技术和兼并
simulation of	兼并模拟
Williamson trade-off and	威廉姆森权衡和兼并
Microsoft case	微软案例
Miller beer	Miller 啤酒
Monetary damages	货币赔偿
Monopolies	垄断
AT&T	AT&T 公司
competition reduction and	竞争削弱和垄断
durable goods and	耐用品和垄断
exclusive contracts and (sec also Exclusive contracts)	独家交易和垄断 (也见独家交易)
externalities across buyers and	买方间的外部性和垄断
railroads and	铁路和垄断
retail competition and	零售业的竞争和垄断
Western Electric	西部电力垄断
Multibuyer models	多买方模型

Outside parties	局外人
Ozark Airlines	Ozark 航空公司
People Express	人民快递公司
Per se rule	本身违法原则
Phantom bidders	虚假竞价者
Precedent effects	先例效应
Procompetitive justifications	有利竞争的辩护
aggregation and	总量和有利竞争的辩护
exclusive contracts and	独家交易和有利竞争的辩护
investment protection and	投资保护和有利竞争的辩护
Price fixing	价格操纵
administration costs and	行政成本和价格操纵
aggregate surplus and	总剩余和价格操纵
agreements and	协定和价格操纵
(ADM) and	(ADM)和价格操纵
ban effects and	禁止效应和价格操纵
behavioral evidence and	行为证据和价格操纵
bid rigging schemes and	操纵投标计划和价格操纵
Block-Nold-Sidak model and	BNS 模型和价格操纵
cheap talk and	廉价磋商和价格操纵
cheating incentives and	欺骗动机和价格操纵
communication and	沟通和价格操纵
coordination problem and	协调问题和价格操纵
costs of	价格操纵的成本
D. C. real estate case and	D. C. 房地产案和价格操纵
detection of	价格操纵行为的识别
determining	决定实施价格操纵
enforcement actions and	实施行为和价格操纵
estimating likelihood of	估计价格操纵的可能性
exclusionary behavior and	排他性行为和价格操纵
future play mechanisms and	远期交易机制和价格操纵

Cartel's expected profit	卡特尔预期利润和价格
Clayton Act and	克莱顿法和价格
concentration levels and	集中度水平和价格
demand elasticity and	需求弹性和价格
demand function and	需求函数和价格
endogeneity of	价格内生性
event-study approach and	事件研究方法和价格
examining actual mergers and	检验实际兼并和价格
exclusive contracts and (see also Exclusive contracts)	独家交易和价格 (也见独家交易)
farmers and	农民和价格
first-mover models and	先动模型和价格
hold-out problem and	敲竹杠问题和价格
Independence of Irrelevant Alternatives (IIA) and	无关选择的独立性 (IIA)和价格
market definition and	市场界定和价格
merger effects and (see also Mergers)	兼并效应和价格 (也见兼并)
monetary damages and	货币赔偿和价格
predatory	驱逐对手定价
purchase delays and	推迟购买和价格
railroads and	铁路和价格
SSN1P test and	SSNIP 检测和价格
steel	钢价
welfare effects and	福利效应和价格
Williamson trade-off and	威廉姆森权衡和价格
Procurement auctions	采购拍卖
D. C. real estate case and	D. C. 房地产案例和采购拍卖
frozen perch case and	冷冻鲈鱼案例和采购拍卖
lysine cartel and	赖氨酸卡特尔和采购拍卖
phantom bidders and	虚假竞标者和采购拍卖
school milk case and	学生用奶事件和采购拍卖

sewer construction case and	下水道施工案和采购拍卖
Protectionism	保护主义
Punishment. See Sanctions	惩罚(见惩罚)
Purchase delays	购买推迟
Railroads	铁路
Burlington Northern	柏林顿铁路公司
exclusive contracts and	独家交易和铁路
Great Northern	大北方铁路公司
horizontal mergers and	横向兼并和铁路
Santa Fe	桑达菲铁路
Southern Pacific	南太平洋铁路
Trans-Missouri case and	Trans-Missiouri 案和铁路
transportation costs and	运输成本和铁路
Union Pacific	联合太平洋铁路
Regression analysis	回归分析
airline industry and	航空业和回归分析
banking industry and	银行业和回归分析
Block-Nold-Sidak model and	BNS 模型和回归分析
concentration levels and	集中度水平和回归分析
examining actual mergers and	检验实际兼并和回归分析
firm behavior and	企业行为和回归分析
frozen perch case and	冷冻鲈鱼案和回归分析
hospitals and	医院和回归分析
least squares	最小二乘回归分析
oil industry and	石油产业和回归分析
price fixing and	价格操纵和回归分析
school milk case and	学生用奶案和回归分析
Republic Airlines	共和航空公司
Resale-price-maintenance agreements	转售价格维持协议
Research & development (R&D)	研发(R&D)
Residual demand estimation	剩余需求估计

Retail competition	零售竞争
bargaining process and	谈判过程和零售竞争
bidding game and	竞价博弈和零售竞争
bilateral contracting and	双边缔约和零售竞争
competition reduction and	竞争削弱和零售竞争
exclusive contracts and	独家交易和零售竞争
offer game and	要约博弈和零售竞争
Third Court of Appeals and	第三上诉法庭和零售竞争
Rule of reason approach	合理推定原则
Sanctions	惩罚
Clayton Act and	克莱顿法和惩罚
criminal penalties and	刑事判罚和惩罚
equitable relief and	衡平救济和惩罚
monetary damages and	货币赔偿和惩罚
prosecution probability and	起诉概率和惩罚
Sherman Act and	谢尔曼法和惩罚
Santa Fe Railroad	桑达菲铁路
Scale technologies,	规模技术
multiseller / multibuyer models and	多卖方/多买方模型和 Segal
procompetitive justifications and	有利竞争的辩护和 Segal
Sewer construction case	下水道施工案
Sherman Act	谢尔曼法
agreements and	协议和谢尔曼法
communication and	沟通和谢尔曼法
coordination problem and	协调问题和谢尔曼法
effects of	谢尔曼法的影响
horizontal mergers and	横向兼并和谢尔曼法
limiting application of	限制谢尔曼法的运用
Standard Oil case	标准石油公司案
U. S. Supreme Court and	美国最高法院和谢尔曼法
Shipping companies	海运公司

SSNIP(small but significant and non-transitory increase in price) test	SSNIP(价格的显著、持续微量上升)检验
Standard Fashion Company v. Magrane-Houston Company	Standard Fashion 公司诉 Margrane-Houston 公司
Standard Oil case	标准石油公司案
Steel industry	钢铁产业
Substitution patterns	替代模式
Symmetry	对称性
Tacit collusion	默契串谋
antitrust policy toward	针对默契串谋的反垄断政策
multimarket contact and	多市场合约和默契串谋
Thrifty	节俭
Ticketmaster	Ticketmaster 制票公司
Total-factor productivity	全要素生产率
Trans-Missouri Freight Association	Tranns-Missouri 运输协会
Trans World Airlines	环球航空公司
Triangular market structures	三方市场结构
Union Pacific Railroad	联合太平洋铁路
United Shoe Machinery Corporation	联合制鞋机械公司
United States Steel	美国钢铁公司
United States Tobacco	美国烟草公司
University of Chicago (See Chicago School)	芝加哥大学(也见芝加哥学派)
U.S. Census Bureau	美国人口普查局
U.S. Civil War	美国内战
U.S. Congress	美国国会
U.S. Department of Defense	美国国防部
U.S. Department of Justice	美国司法部
Antitrust Division budget and	反托拉斯局预算和美国司法部

collusion and	串谋和美国司法部
(see also Collusion)	(也见串谋)
concentration levels and	集中度水平和美国司法部
defining relevant market and	界定相关市场和美国司法部
endogenous mergers and	内生性兼并和和美国司法部
entry effects and	进入效应和美国司法部
firm behavior and	企业行为和美国司法部
horizontal merger guidelines and.	横向兼并准则和美国司法部
market definition and	市场界定和美国司法部
market factors and	市场要素和美国司法部
procompetitive justifications and	有利竞争辩护和美国司法部
price fixing and	价格操纵和美国司法部
U. S. Sentencing Guidelines	美国的判刑准则
U. S. Supreme Court	美国最高法院
administration costs and	行政成本和美国最高法院
agreement and	协议和美国最高法院
Conwood v. Linited States Tobacco case	Conwood 诉美国烟草案例
decrees and	协议和美国最高法院
Microsoft case	微软案例
price fixing and	价格操纵和美国最高法院
rule of reason and	合理推定原则和美国最高法院
Schwinn decisions and	Schwinn 决议和美国最高法院
Sherman Act and	谢尔曼法和美国最高法院
Standard Oil case	标准石油公司案
Sylvania decision and	Sylvania 决议和美国最高法院
Trans-Missauri case and	Trans-Missouri 案和美国最高法院
United Shoe Machinery case	联合制鞋机械公司案
U. S. v. Dentsply case	美国诉 Dentsply 案